2004 年作者首度訪問韓國參加美國外交官友人婚禮。

2009 年作者主持駐釜山辦事處國慶酒會。

2008 年 10 月作者應邀參觀美國華盛頓號航空母艦。

2008 年作者陪同前監察院長錢復參觀佛國寺。

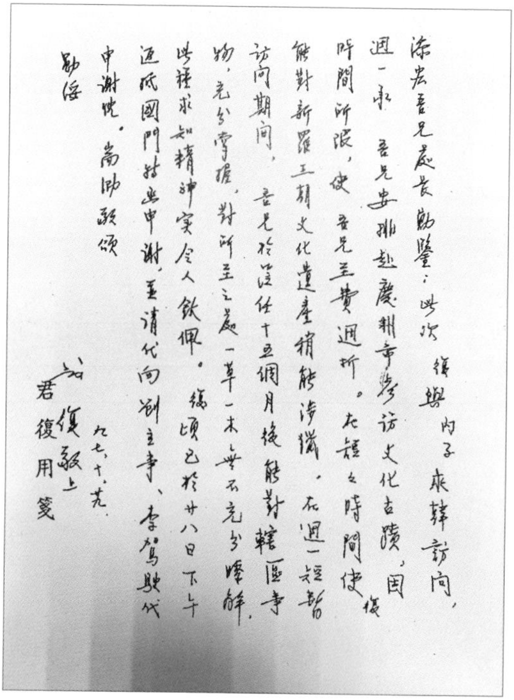
添宏吾兄處長勛鑒：此次 復與內子來韓訪問，
週一承 吾兄安排赴慶州市參訪文化古蹟，因 復
時間所限，使 吾兄至費週折。在短短時間使 復
能對新羅王朝文化遺產稍能涉獵。在週一短暫
訪問期間， 吾兄於蒞任十五個月後能對轄區事
物，充分掌握，對所至之處一草一木無不充分瞭解。
此種求知精神實令人欽佩。復頃已於廿八日下午
返抵國門特此申謝，並請代向劉主事、李駕駛代
申謝忱。耑此敬頌
勛安
復敬上
九七、十、卅
君復用箋

2008 年錢復前院長親函作者，讚許對韓國之瞭解。（作者提供）

新東亞 11 2022

2011년 07월호

He & She

주한 타이베이대표부 로우티엔홍 총영사

한국인보다 한국을 더 잘 아는'외국인 파워 블로거'

기사입력 | 2011.06.23 13:42

(작은 사진) 지리산 천왕봉에 오른 로우 총영사(왼쪽) 일행.

2011 年《新東亞月刊》。

2011 年韓國 MBC 電視台專訪作者。

MBC스페셜
노래의 스타일이 한국의 트로트와 매우 비슷합니다
아마 세계적으로 동북아의 한국, 대만, 일본의 노래가

韓國 Food TV 專訪作者。

韓國 KBS 電視台晚間新聞。

韓國聯合通訊社專訪作者。

朝鮮半島事件簿

South Korea

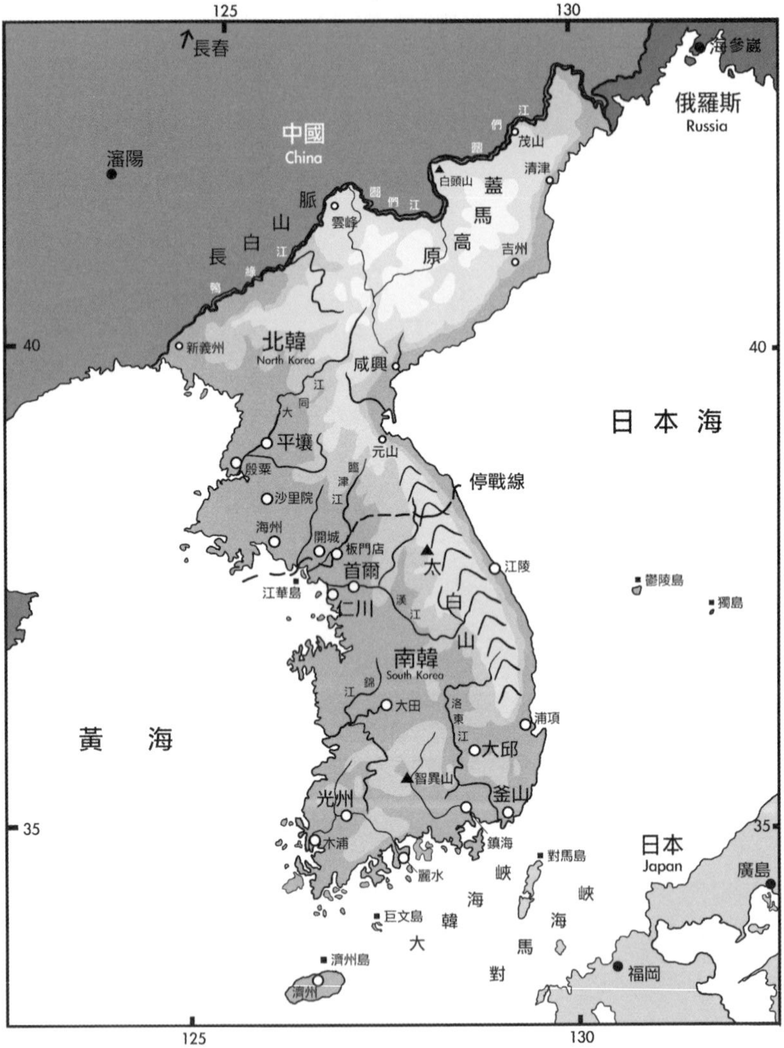

125
130
長春
海參崴
俄羅斯
Russia
中國
China
瀋陽
茂山
清津
白頭山
蓋
馬
高
原
雲峰
長
白
山
脈
吉州
北韓
North Korea
新義州
咸興
40
日本海
平壤
元山
殷栗
停戰線
沙里院
海州
開城
板門店
首爾
太
白
山
江陵
鬱陵島
獨島
江華島
仁川
南韓
South Korea
大田
浦項
黃海
大邱
智異山
光州
釜山
35
木浦
鎮海
對馬島
日本
Japan
廣島
麗水
巨文島
大韓海峽
對馬海峽
濟州島
濟州
福岡

自序

臺灣與朝鮮半島鄰近，但是一般人對朝鮮半島的歷史、韓戰的來龍去脈、南韓與北韓的長期對峙，以及朝鮮半島的未來發展，可以說是所知有限。近年來在韓國強勢文化輸出的影響下，韓劇、韓國歌曲及美食等，不僅風靡了亞洲，甚至歐美、非洲都有許多愛好者。但是你可知第一場中日戰爭發生於何時何地？觀光旅遊勝地濟州島在韓戰爆發前有高達數萬人慘遭殺戮？韓戰交戰雙方付出巨大的代價，而戰爭的結果如何呢？韓國人的仇日情緒何以如此強烈？

作者於二〇〇三年起開始對朝鮮半島長期觀察迄今，二〇〇四及二〇〇六年曾兩度訪問韓國。二〇〇七年奉派至韓國釜山，任內六年餘期間跑遍韓國各市、道、郡及許多離島，在自己經營的部落格《韓國也可以這樣玩》對韓國的地理、歷史、文化、宗教、風俗及科技、戰爭等進行一手的觀察，共寫了三百六十篇文章。韓國主流媒體東亞日報、朝鮮日報及聯合通訊社等讚譽作者為「比韓國人還要瞭解韓國的超級部落客」（한국인보다 한국을 더 잘 아는, 외국인 파워 블로거）、「韓國文化傳道士」；韓國主要電視臺KBS及MBC等均曾訪問過作者，地方報紙及

電視臺等也都陸續對我採訪或製作節目。二○一一年及二○一四年作者也先後受邀在釜山及臺北舉行「韓國之美」寫真展。

本書以簡明扼要的方式敘述朝鮮半島兩千年來的外交、戰爭與軍事行動，外族對這塊土地的覬覦與入侵，以及韓戰的經過和其後的對峙與衝突，使讀者可以對朝鮮半島更加瞭解。本書其實是一本講述朝鮮半島兩千年來有關政治及軍事的歷史故事書，其中有許多不為一般人所知的故事係作者親赴現場觀察撰寫，而且附上自己拍攝的相片，應該是本書的一大特色。

我要感謝時報文化出版社趙政岷董事長，沒有他的賞識，本書不可能付梓出版。我也要感謝我的高中同學名作家蔡詩萍，對我撰寫本書的鼓勵與指點；我的韓文老師陳慶智教授，在我赴韓國就任前讓我臨時抱佛腳向他學習韓文；劉忠國、李光煥兩位先生的協助，使本書能夠順利完成；內人洪心怡老師陪同我四處採訪韓國各地，以及在撰寫本書期間對我的悉心照料。

目錄

導言

朝鮮半島位於東北亞，有東亞橋梁之稱，其歷史及發展與鄰近的中國、日本，以及後來的臺灣和俄羅斯等都息息相關。

相較中國數千年複雜的歷史，朝鮮半島的歷史可說相對簡單。早在遠古時期，朝鮮半島就已有人類居住，大致說來，西元前五千年進入新石器時代，西元前一千年進入青銅器時代，西元前四世紀進入鐵器時代。半島上部落林立，古朝鮮則是半島最初形成的國家。西元前一九四年衛滿推翻古朝鮮建立衛滿朝鮮。西元前一〇九年，中國漢武帝東征，在朝鮮半島北部地區設立樂浪、玄菟、真番及臨屯等四漢郡。而朝鮮半島南部則陸續形成辰韓、弁韓及馬韓，稱為「三韓時代」。

西元一世紀起，在經過不斷的交相征伐後，新羅、百濟與高句麗逐漸取代三韓，而進入朝鮮半島的「三國時代」。七世紀中葉，在半島東南稱雄的新羅與唐朝結盟，先後消滅與日本結盟的百濟以及北半部的高句麗，半島於是首度統一，史稱為統一新羅。八世紀末期，新羅貴族內訌以及農民起義不斷，國勢開始衰退。十世紀初，西元九〇一年，朝鮮半島出現後百濟、後高句麗及後新羅分立局面，史稱「後三國」。

西元九三六年，高麗的王建統一後三國，建立高麗王朝。高麗朝國祚四百餘年恰值中國北方部族興起之時，契丹、女真與蒙古接續來侵，高麗臣服元朝，並被迫與蒙古兩度聯軍攻打日本，但皆失敗，兩國間的恩怨情仇又更加錯綜複雜。功高權重的大將李成桂趁高麗朝國勢漸衰，逐步掌握大權，西元一三九二年推翻高麗王朝。

取得大權的李成桂改國號朝鮮，是為朝鮮太祖，一三九五年遷都於漢陽（後稱漢城，今首爾）。朝鮮以儒教治國，儒家思想取代佛教成為國家統治理念。世宗時期，朝鮮經濟、文化、軍事、科技等各方面都得到長足發展，諺文的發明也有助於平民文化的普及。十六世紀末和十七世紀初，朝鮮由於遭到後金和日本豐臣秀吉的攻擊而採取閉關鎖國的政策。自十九世紀，朝鮮內部紛爭日起，而且遭逢歐美列強及日本陸續侵略，國勢日益衰落。一八九四年以朝鮮半島為主要戰場的中日甲午戰爭後，戰敗的清朝勢力退出，朝鮮半島成為日本的勢力範圍。在日本的主導下，高宗於一八九七年稱帝，改國號為大韓帝國，結束了朝鮮與中國清朝的宗藩關係。

日本操控朝鮮改為大韓帝國，其實是為併吞朝鮮做準備，朝鮮各地反日行動風起雲湧。一九〇九年十月二十六日，反日義士安重根在哈爾濱將日本首任朝鮮統監伊藤博文擊斃。兩個月後，內閣總理大臣李完用被刺成重傷。不過反日者的行動並無法挽救大韓帝國的滅亡命運。一九一〇年八月二十二日，日本與李完用簽訂《日韓合併條約》，朝鮮半島正式被日本吞併。

朝鮮半島被併吞之後，日本運用其資源與地理位置進一步侵略中國東北，於一九三二年建立滿洲國，嗣於一九三七年發動盧溝橋事變，引發中日間長達八年的戰爭。關東軍甚至於一九三九年攻擊在蒙古的蘇蒙聯軍（諾門罕事件），結果導致雙方損失慘重，日軍北進政策受挫。

整個二次世界大戰期間，可說是世界各國都被捲入這場人類有史以來最大規模的戰爭，但是在日本統治下的朝鮮半島反而未受直接波及。一九四五年八月日本投降後，朝鮮半島依照美、蘇先前協議以北緯三十八度線為界，分別由美國控制南部，蘇聯則控制北部。一九四八年八月十五日，南方成立「大韓民國」，北方也於一個多月後成立「朝鮮民主主義人民共和國」，一千多年來統一的朝鮮半島至此正式分裂。南北兩韓均以合法正統自居，亟欲進行統一大業，雙方不斷發生各種紛爭。

一九五〇年六月二十五日，準備多時且軍力占優勢的北方突然大舉南侵，引爆朝鮮半島戰爭，也就是韓戰。以美軍為首的聯合國軍退守釜山大邱一帶奮力抵抗，又於九月十五日在仁川登陸反攻，南侵的北韓軍被驅趕回北部，只剩與中國邊界的一隅。但是中共於十月十九日打著抗美援朝的旗號突派大軍進入朝鮮半島參戰，韓戰情勢不變。中朝聯軍將聯合國軍趕回三十八度線以南，聯合國軍又重整旗鼓奮力回擊，自此雙方大致沿三十八度線呈拉鋸戰情勢，戰事極為慘烈。一九五一年七月，戰事經過一年之後，聯合國軍與中朝聯軍皆感兵疲馬困，於是開始進行談判，但是邊談邊打，雙方均想要取得優勢以增加談判的籌碼，戰事並未稍戢。直至一九五三年七月二十七日，經過五百餘次談判後，交戰雙方才簽訂停戰協定。韓戰經過無數次大小戰役，雙方兵力及平民死傷慘重，成為二次大戰結束後第一場最為慘烈的戰爭。

韓戰可以說是冷戰期間的第一場「熱戰」。停戰協定生效後，雙方仍時有摩擦，不僅在非軍事區及鄰接海域發生大大小小的武裝衝突，北韓還經常派軍人潛入南韓進行暗殺或破壞行動，甚至還派遣特工人員赴國外以炸彈攻擊南韓總統訪問團，以及炸毀韓航客機等駭人聽聞的事件。

南韓總統金大中於一九九八年上任後採取所謂的「陽光政策」，向北韓遞出橄欖枝。二〇〇〇年六月，金大中正式出訪平壤與北韓領導人金正日舉行了歷史性的南北韓高峰會議。這是朝鮮半島分裂半個世紀以來，雙方領導人的首次會晤。金的繼任者盧武鉉賡續陽光政策。二〇〇六年十月北韓進行第一次核子試爆，導致南韓的陽光政策在二〇〇八年李明博繼任總統及政黨輪替後中止，但在二〇一七年文在寅就任總統後恢復，期間北韓共進行六次核子試爆。

二〇一八年起北韓第三代領導人金正恩開始擺出願意對話的姿態，文在寅的政治立場則是明顯地親中及願意與北韓和解。於是立場逐漸接近的南韓與北韓開始合作演出一系列令世人眼花撩亂的和平大戲。而美國總統川普也與金正恩先後在新加坡及越南兩度見面，接著於二〇一九年六月三十日在南北韓非軍事區的板門店會晤，川普也因此成為歷史上首位任內踏足北韓領土的美國總統。一時間讓世人以為朝鮮半島和平在望。直到二〇二〇年六月北韓以南韓違反《板門店宣言》為由，突炸毀剛完工不久的南北共同聯絡事務所建築，造成兩韓關係急遽惡化，朝鮮半島局勢一夕驟降至冰點。這對南韓文在寅政府而言無異是被北韓打了一記響亮的耳光，對世界其他各國而言也是有如從和平的幻覺中驚醒。二〇二二年三月尹錫悅繼任南韓總統，其對北韓的態度與前任親平壤的政策迴然不同，北韓也因此於尹就任前後不停地發射飛彈及恫嚇進行第七次核試，朝鮮半島再度陷入緊張。

朝鮮半島情勢極為錯綜複雜，未來將如何發展，是世人關切的焦點，也正是本書想要探討的主要目標。

第一章

烽火連天三國時期

朝鮮半島（조선반도；Korea Peninsula），自亞洲大陸中國東北突出於日本海及黃海之間，指向日本列島，有東亞橋梁之稱。自古以來，亞洲大陸要向日本發展貿易、傳播文化甚至投射軍力均要經由朝鮮半島為之，反之亦然。

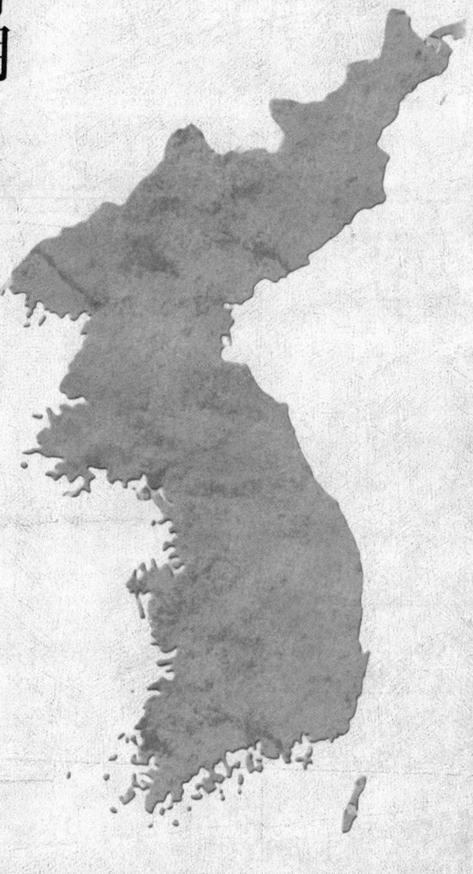

遠古時期，朝鮮半島之上就已有人類居住，大致說來，西元前五千年進入新石器時代，西元前一千年進入青銅器時代，西元前四世紀進入鐵器時代。半島上部落林立，古朝鮮則是朝鮮半島最初形成的國家。西元前一九四年衛滿推翻古朝鮮建立衛滿朝鮮。西元前一〇九年，中國漢武帝東征，在朝鮮半島北部地區設立樂浪、玄菟、真番及臨屯等四漢郡。而朝鮮半島南部則大致陸續形成辰韓、弁韓及馬韓，稱為「三韓時代」。

西元前一世紀起，朝鮮半島眾多小國興起，各國間不停交伐征戰，辰韓、弁韓及馬韓逐漸被新羅、百濟、高句麗所取代，此外還有一些如扶餘、耽羅（濟州島）、伽倻、于山（鬱陵島）等獨立的小國在三大國夾縫中存活。西元四世紀以後，高句麗在半島北部兼併各小國及漢四郡。在半島西南部，百濟併吞馬韓五十四國。半島東南部也由新羅合併十二國取代辰韓，弁韓十二國則被伽倻所吸收成為大伽倻。大伽倻以現今大邱市西側高靈郡為中心，於四世紀時快速地發展，其外交手腕頗為高明，曾分別與百濟、新羅締結同盟關係，並且與日本保持密切往來，甚至有勇氣入侵高句麗。大伽倻經歷十六代五百二十年，於西元五六二年遭日漸強盛的新羅併吞。朝鮮半島形成高句麗、新羅、百濟三國鼎立時期，史稱「朝鮮三國時代」。

朝鮮半島三國的文化和語言相通，但是直至三國時代都沒有自己的文字，而是使用鄰近強勢文化的漢字。宗教原本共同崇尚巫覡宗教（薩滿教），在中國文化影響下，儒家文化與道教傳入。西元四世紀時，佛教傳入朝鮮半島，並迅速傳播，一度成為三國的國教。百濟與日本往來密切，發揮了「東亞橋梁」的功能，在日本「飛鳥時期」把佛教傳到日本。

高句麗在五世紀進入全盛時期，之後的一個世紀裡，保持了對另外兩個王國新羅和百濟的優勢，控制了今朝鮮半島北半部和中國東北的南部地區。西元五九八年起至六一四年，中國隋朝文帝與煬帝多次派出大軍東征。高句麗大將乙支文德足智多謀，多次打敗隋朝的入侵，立下汗馬功勞，被朝鮮半島奉為抵禦外來侵略的民族英雄，堪稱是朝鮮半島最傑出的軍事家。今日南韓首都首爾有一條重要道路乙支路就是紀念乙支文德；南韓陸軍第十二步兵師同樣以「乙支部隊」作為部隊之名；美韓每年舉行聯合軍事演習也有多次以乙支為名。

由於長年征戰勞民傷財，隋朝內部出現動亂與兵變，終致滅亡。不過隋朝的多次大規模進攻也消耗了高句麗的國力。隋朝覆滅後唐朝繼之而起，西元六一八年，唐高祖與高句麗修好，雙方交換隋朝戰爭時的戰俘，甚至還派使重新安葬陣亡在高句麗的隋兵。唐太宗於西元六二七年登基後，開疆擴土，國勢強盛。他認為高句麗據有之遼東及朝鮮半島北端之地，原屬漢朝四郡實乃中國故地，所以西元六四四年起對高句麗共發動三次戰爭，但都沒有實質進展，直至西元六四九年病亡，暫停了征伐之事。

◆ ◆ ◆

西元六六〇年之前，朝鮮半島高句麗、百濟和新羅三國之間的關係相當微妙，時友時敵。新羅最初與高句麗結盟以對付百濟與倭國（日本）。隨著高句麗勢力的南下，新羅開始與百濟結盟對付高句麗。新羅從百濟手中奪取高句麗占領的漢江流域後，疆土抵達西海（黃海）便開始與中國唐朝結盟對付百濟和高句麗。西元六四三年，百濟聯合高句麗攻打新羅，新羅乃請求唐朝援助。西元六五四年，唐朝乘高句麗國內發生變亂之機，派十萬大軍攻打高句麗，但沒能攻滅高句麗。

百濟在唐軍攻打高句麗期間，並沒有停止進攻新羅，相反地又連奪十數城。唐高宗接到新羅的急報，並未立即出兵。百濟進而再次聯合高句麗出兵新羅。西元六五五年，百濟再奪新羅三十餘城，新羅再次告急。唐朝與新羅最終達成協議共同攻打百濟，如此唐朝就可以聯合新羅從南北兩面共同攻打高句麗。於是唐高宗於西元六六〇年派大將蘇定方統率水陸軍共一萬三千人出兵百濟，以解新羅之危。蘇定方率軍從山東榮成出發渡海，新羅派軍五千人與唐軍會師。西元六六〇年七月，百濟被唐、羅聯軍所敗。蘇定方留郎將劉仁願等駐守百濟王城泗沘，自己則親自押送俘虜回國。

百濟王城雖遭唐與新羅聯軍攻破，但百濟將領鬼室福信等人率部死守周留城，頑強抵抗唐羅聯軍。同時遣使去日本乞師求援，並獻上戰爭中虜獲的唐軍百餘人，日本天皇將此百餘人安置在今天位於本州中部的岐阜地區。

百濟王城失守，對日本來說是個警訊。如果聽任百濟亡國，則日本在朝鮮半島上的勢力將被抹除。西元六六一年正月，日本向百濟發兵數萬，齊明天皇親自領軍西行到九州時突然病逝，太子中大兄回京素服稱制，是謂天智天皇。八月，日軍開赴百濟。九月，天智天皇另派兵五千護送在日本當人質的百濟王子扶餘豐回國，抵百濟國境，百濟餘臣等迎入周留城，並即王位。

唐高宗在出兵百濟獲勝後，於西元六六一年四月，派遣任雅相、蘇定方率軍進攻高句麗，高句麗與百濟大將鬼室福信分頭抵抗唐軍。鬼室福信率軍曾一度圍困劉仁願軍於百濟王城，但遭劉仁軌所率唐羅聯軍夾擊，被迫撤軍，遂解圍城之危。高句麗惟恐鬼室福信兵敗，使其遭南北夾擊，因而也於西元六六二年三月遣使赴日本乞援，敦促日軍迅速開赴戰場，與唐軍作戰。日本朝廷決心參戰，遂令駐屯在百濟的日軍立刻投入戰鬥。

朝鮮半島於是形成南北兩個戰場。在北方戰場，高句麗與唐軍大致形成了對峙的局面，由於地形限制的緣故，唐軍始終沒有重大進展。而在南方戰場由於日軍的介入，戰爭形勢逐漸轉向有利於日本和百濟聯軍方面。唐軍兵源在南方得不到補充，整體上逐漸趨於下風。不久，百濟發生驟變，大將鬼室福信功高震主，不容於百濟王扶餘豐，以謀反之罪被殺，百濟國人心渙散，戰力也隨之大減。

西元六六三年八月初，日本援軍將至，百濟王扶餘豐率部分軍隊自周留城赴白江口（今錦江口）迎接。白江口是朝鮮半島上熊津江（今稱錦江）入海處形成的入海口，周留城則有百濟軍及日軍聯合守衛。此時，唐右威衛將軍孫仁師率七千援軍與劉仁軌會師後，分兵兩路進攻周留城。

劉仁軌又與杜爽率領唐水軍和新羅水軍從熊津進入白江口，溯江而上夾擊周留城。八月十三日，劉仁願所部進逼周留城周邊。而百濟軍則因鬼室福信之死，士氣低落，周留城周圍的城池逐一被唐軍攻克，百濟守軍陸續投降。但周留城外的任存城地勢險要，守將抵死用兵，唐軍圍攻一個月依舊無法攻克，周留城因此得以暫時保全。

在劉仁願率軍向周留城進軍的同時，劉仁軌率唐和新羅水軍駛向白江口，企圖溯江北上進逼該城。當劉仁軌所率水軍駛抵白江口時，與先期前來的日本水師相遇。劉仁軌所率一百七十艘戰船列出戰鬥隊形，嚴陣以待。八月二十七日，日軍戰船首先開戰，衝向唐軍水陣。由於唐軍船高艦堅利於防守，日軍船小不利於攻堅，雙方戰船一接觸，日軍立刻處於劣勢。日軍指揮官慌忙下令戰船撤回。唐軍船隊變換陣形，分為左右兩隊，將日軍圍在陣中。日軍雖奮勇作戰，但亦無力挽回戰局。百濟王在岸上守衛，見日軍失利，乘兵荒馬亂之際逃亡高句麗。

百濟與日本聯軍在白江口遭唐朝與新羅聯軍擊敗消息傳到周留城，九月七日守城的百濟王子率守軍投降。百濟境內日軍於九月十九日撤回日本。白江口之戰實際上可說是朝鮮半島的第一場國際戰爭，也是中國與日本之間的第一次戰爭，不僅結束了新羅與百濟間的長期糾紛，同時也使日本停止對朝鮮的擴張，在其後約九百餘年間未再向朝鮮半島用兵。

受白江口戰敗的刺激，日本天智天皇決定強化日本的國土防禦，在對馬和九州北部築造水城以防禦唐軍可能的進攻。並於瀨戶內海沿岸各地築造城堡進行防禦。西元六六七年，天皇把都城從沿海遷往內陸的難波京（今大阪）。實際上，日本自七世紀起就開始「唐化運動」，西元六三〇年日本首度派「遣唐使」赴中國表示友好，大批學者僧侶隨行向唐朝學習各種典章制度文字建築服飾等等。日本「遣唐使」至九世紀末止共約進行二十次。白江口之戰被唐朝打敗，日本仍繼續推行唐化運動。

◆ ◆ ◆

高句麗連續不斷與隋、唐王朝交戰，國力逐漸衰落。新羅與唐朝結盟征服百濟之後，於西元六六八年消滅高句麗，結束三國時代並進入統一新羅時代。但是僅兩年過去，昔日的盟國翻臉變仇敵，西元六七〇年唐朝與新羅兩國間爆發新的衝突。果真應驗了「沒有永久的朋友，也沒有永久的敵人」這句話。

西元六七四年，唐高宗與新羅文武王徹底決裂，派劉仁軌領軍攻打新羅，在吐蕃戰敗的薛仁貴也被唐高宗任命為雞林（今慶州）都督府總管，也羈縻（兼轄）熊津郡都督府。劉仁軌與薛仁貴率領唐軍與新羅雙方互相交伐征戰，互有勝負。西元六七五年，李謹行率領投靠唐朝的靺鞨人（中國東北松花江流域一帶之部族）攻打新羅石峴城、赤木城、買肖城（今仁川附近）三戰皆捷。新羅文武王只好遣使請罪。

唐羅戰爭歷經六年，唐朝雖取得優勢，但唐朝與吐蕃之間的征伐不斷，唐朝實無力在東西兩邊同時進行兩場戰爭，所以唐朝與新羅間的戰爭最終以雙方妥協而告終。唐羅戰爭後，朝鮮半島歷史上的統一新羅自此開始，但朝鮮半島大同江以北地區原屬於高麗的領土，並不屬於統一新羅。

西元六九八年，靺鞨將領大祚榮占有高麗北部至松花江流域，自稱震王，史稱「震國」或「靺鞨國」。大祚榮曾多次遣使向唐朝稱臣，西元七一三年唐玄宗賜封大祚榮為「左驍衛大將軍」、「渤海郡王」，遂更名為「渤海國」。在唐朝、突厥、契丹、新羅等國中夾縫求生存的渤海國於西元九二六年被遼朝（契丹）所滅。

如同「天下分久必合，合久必分」這句名言，九世紀末統一新羅制度崩壞，統治勢力衰退，朝鮮半島再度分裂成為後新羅、後百濟、後高句麗，稱之為「後三國」。

◆ ◆ ◆

新羅消滅百濟與高句麗之後統一朝鮮半島，史稱統一新羅，仍以慶州為都。慶州也稱雞林，七世紀中葉，唐朝在朝鮮半島百濟故地上設置熊津等五個都督府之後，又設立了雞林州都督府。自西元六六三年起，先後有十六位新羅王被唐朝委任為雞林州都督，歷時二百餘年。

慶州成為新羅首都長達一千年，三國時期的新羅文化璀璨，佛教鼎盛，在消滅百濟及高句麗，並統一新羅之後，更成為朝鮮半島的政治、軍事、經濟、文化及宗教中心，各種古蹟繁多且保持良好，整個慶州就像一座大博物館。其中佛國寺、石窟庵及慶州古蹟區均列入 UNESCO 世界文化遺產。現今每年九月，慶州市都要在這裡舉行「新羅文化節」。除了歷史古蹟，慶州各處也種滿了數十萬株櫻花樹，每年櫻花季整個城市花團錦簇、風光旖旎，令人目不暇給。慶州市還會在櫻花季舉辦馬拉松，參與者一路沿著櫻花樹跑步，是韓國最美麗浪漫的馬拉松，每年都吸引數萬人報名。此外，慶州因為是古都，在古屋裡大啖美食也是一大享受。作者駐釜山期間曾經前往慶州達二十幾次，樂此不疲。

佛國寺位於慶尚北道慶州市，肇建於新羅時期（西元 528 年）。1593 年由於壬辰倭亂，佛國寺之木質結構全部被燒毀。朝鮮時期（1604 年）左右又再次重建佛國寺，至 1805 年李朝純祖時期經過了四十餘次的局部保修。佛國寺於 1995 年被聯合國教科文組織指定為世界文化遺產。佛國寺可以說是韓國新羅古都慶州最著名的佛教寺院，也是觀光慶州的首選之處，來自韓國各地及世界各國的遊客終年絡繹不絕。（作者攝）

慶州臨海殿雁鴨池是 7 世紀新羅統一朝鮮半島之後，經濟繁榮、文化璀璨的成果。（作者攝）

2005 年開館的大伽倻博物館位於慶尚北道高靈郡。圖為大伽倻博物館內展示的大伽倻騎兵。（作者攝）

泗沘樓。西元 538 年，三國時代百濟將首都自熊津（今公州市）遷移至泗沘（今扶餘郡），直至西元 660 年新羅與唐朝聯軍滅百濟為止。（作者攝）

錦江中游現稱之為白馬江。7 世紀時唐朝與新羅聯軍曾溯江而上包圍攻打百濟首都扶餘（泗沘）。（作者攝）

扶蘇山城是三國時代百濟王宮的一部份，傳説新羅與唐朝聯軍大軍壓境兵臨城下時，有三千多名宮女為了堅守貞節而跳下斷崖結束生命（上圖），後世取名為落花巖，並在落花巖頂修建一座小亭，名百花亭以為紀念。其實三千多名宮女應該是誇大之詞，小國哪需要三千名宮女？真有如此眾多宮女，亡國也算其來有自。（作者攝）

朝鮮半島西南岸錦江（古稱白江）河口。照片中密密麻麻的白點是在河口濕地覓食的鳥類。7 世紀唐朝與新羅聯軍在此打敗了百濟與日本聯軍，史稱白江口之役。（作者攝）

第二章

高麗先後臣服遼金元
元朝借道朝鮮半島征日

高麗王朝是個以佛教為國教的國家，統治朝鮮半島近五百年。

西元九一八年，後高句麗大將王建推翻國王弓裔，改國號為「高麗」。西元九三五年高麗合併後新羅，於次年滅後百濟，統一朝鮮半島。高麗王朝是個以佛教為國教的國家，統治朝鮮半島近五百年。歐洲稱朝鮮半島為 Korea、Corea 或 Goryeo，就是源自此時。

朝鮮半島隔鴨綠江及圖們江與中國東北接壤，這種地理位置讓高麗注定要與鄰近的外族接觸或征戰。西元九九三年，遼（契丹）勢力逐漸強盛，除屢次南侵中原外，還派駙馬蕭遜寧攻打高麗。高麗大將徐熙察覺遼只想讓高麗臣服而非為擴張領土而來。與此同時，高麗在安州以少勝多，大敗遼軍。徐熙請命與遼蕭遜寧談判，雙方最終達成協議，遼將鴨綠江左岸女真之地讓給高麗，高麗與宋斷交，奉遼為正朔，使用遼的年號。此後，高麗在鴨綠江東修築了興化、龍州、通州、鐵州、郭州、龜州六城。

一〇一〇年，高麗左司郎中河拱辰攻擊東女真，兵敗後懷恨在心，殺死了九十五名來高麗朝貢的女真人。女真乞求契丹為其報仇。同年十一月，遼聖宗耶律隆緒率四十萬契丹大軍攻打高麗，遭到高麗頑強抵抗，但耶律隆緒最終於一〇一一年一月攻克高麗開京，並放火焚燒了開京，高麗顯宗棄城南逃。由於後方興化、龜州、通州和西京的高麗軍民仍在奮力反擊遼軍，耶律隆緒無力南下追殺顯宗，數日後即撤兵。後退之時，各地高麗軍民對撤退的遼軍發起猛烈攻擊，遼軍傷亡甚重。耶律隆緒原本打算再對高麗發動一次更大規模的戰爭，但雙方都因常年征戰師老兵疲，最終議和。一〇二二年，遼冊封顯宗為高麗國王。

遼聖宗耶律隆緒於一〇三一年去世後，遼國開始逐漸走向衰弱，遼、宋、高麗三國國力大致平衡，暫時恢復和平。一〇七一年，高麗與宋朝恢復了中斷的外交關係。高麗文宗前後，朝鮮半島經濟、文化等各方面出現繁榮復興的局面。但高麗北方的女真族叛服不常，始終是高麗的心腹之患。

◆ ◆ ◆

女真人源自靺鞨，原為遼朝的藩屬，女真族首領完顏阿骨打在統一女真諸部後，一一一五年於今哈爾濱一帶立國，稱大金。大金立國後，與宋朝訂盟向遼朝宣戰，於一一二五年滅遼。然積弱不振的宋朝兩次戰遼皆敗，金隨即撕毀與宋之約，兩次南下中原，於一一二七年滅宋，徽、欽二宗均遭俘虜。徽宗之子康王趙構南下，定都杭州臨安，史稱「南宋」。金領有華北中原地區之後遷都中都，以中國正統王朝自居，並逐漸以此為政權中心。

西元一一二六年，高麗王遣使奉表稱藩，金太宗承諾如高麗以事遼舊禮稱臣於金，即把保州地賜給高麗。因此金與高麗西北部以鴨綠江下游為界。高麗東北則基本以遼代舊疆為依據。

西元一一一九年，金與高麗之間又發生了一場戰爭。當年高麗再次修補舊長城增高三尺，金太祖不悅，命軍隊征討高麗，高麗依舊我行我素。朝鮮古長城一直是劃分金與高麗兩國東段疆界的依據。朝鮮古長城，東起高麗東海岸都連浦（今朝鮮咸鏡南道定平東南），西逾大嶺，經大同江上游，沿清川江，轉向西北而達於鴨綠江口。一一六四年，高麗頻繁越境騷擾邊眾，製造邊界事端。一一六五年，金朝為了避免尖銳的軍事對抗，決定採取息事寧人的作法。

◆ ◆ ◆

蒙古係高麗的西北遠鄰，蒙古帝國由鐵木真（後稱成吉思汗）於一二〇六年在斡難河流域建立，國號「大蒙古國」。蒙古國建立後積極對外擴張，成吉思汗在位時開始征伐西夏、金朝、西遼及花喇子模等國，其後繼者又經過兩次大規模的西征，建立了一個橫跨亞洲及歐洲的龐大帝國。

一二三一年（高麗高宗十八年），攻打金國的窩闊台命屬下分兵攻打高麗。由於高麗軍民奮力反擊，蒙古軍在龜州、忠州等地受阻後與高麗議和。次年七月，高麗大臣崔瑀利用蒙古人不善水戰的弱點，將高宗及其王室轉移到江華島，將其設為戰時國都（江都），防備蒙古再次入侵。一二三二至一二五九年，蒙古又先後五次大規模入侵高麗，使高麗經濟、文化慘遭蹂躪。但在高宗在位的四十餘年間，蒙古人始終未能攻下江都。

一二五八年，蒙古人再度入侵高麗。次年三月，高麗與蒙古議和。一二六〇年高宗去世後元宗繼位向蒙古稱臣，高麗正式成為蒙古藩屬國。高麗君主娶元朝公主，元朝透過嫁到高麗的公主控制干涉高麗朝政。一二七一年忽必烈於中原地區建立元朝，定京大都（今北京）。國勢如日中天的元朝見日本未前來朝貢，遂於一二七三年指示高麗派使者赴日本，要求與日本「通好」，未獲回應。

一二七四年八月忽必烈派蒙古、女真及高麗聯軍三萬人遠征日本。遠征軍順利占領對馬島及壹崎島，但登陸日本本土博多時被早有準備的日軍所阻，元軍退回船上，恰好颱風來襲，遠征軍船隻泰半遭摧毀，損失一萬三千餘人，最後輾轉回到中國的只剩一萬三千五百人。此役日本稱為「文永之役」。鎌倉幕府為防止元軍再犯，沿博多灣海岸修造長達約二十公里的石壘，以阻撓元軍登陸，即所謂元寇防壘。

第一次攻打日本失敗後，高麗國王反對進一步侵略日本。但元朝仍企圖征日，再度派遣使者至日本，日本將元朝使者等人斬首。忽必烈暴怒，開始積極籌劃第二次進攻。

一二七九年元軍攻滅南宋之後，忽必烈於一二八一年春發動對日本的第二次侵略。元軍第二次遠征軍由蒙古、契丹、女真、南蠻（宋降軍）及高麗組成規模空前龐大的聯軍，動員兵力十餘萬，戰船四千餘艘。甚至還規劃指派江南軍登陸之後在占領區進行屯田，生產米糧，以為長久之計。

元朝遠征軍在朝鮮半島集結後，浩浩蕩蕩出發，先占領對馬島及壹崎島後再登陸日本本土。入侵的元遠征軍遭到嚴陣以待的日軍強力抵抗，而且又再度遭到颱風數日摧殘，船隻幾乎全毀，元軍又一次慘敗，只有不到十分之一人數生還。此役日人稱之為「弘安之役」。元軍兩次來襲都因颱風之助而化解，於是日人稱之為「神風」，這也是幾百年之後二次大戰末期，日軍以飛機自殺式攻擊美軍艦隻的戰術稱為「神風特別攻擊隊」的由來。

兩次出師失利，並未使忽必烈放棄征服日本的計畫。一二八三年忽必烈下令重建攻日大軍，建造船隻，蒐集糧草，準備第三次征日。此舉引起江南人民的強烈反抗，迫使其暫緩造船事宜；同時，蒙古在南方對越南的進攻也受挫，造成國力匱乏，第三度攻日之議因而作罷。直到一二九四年正月忽必烈逝世，都未再攻打日本。

十三世紀元朝兩次出征日本都以慘敗收場。進入十四世紀後，對馬島以及九州的武士與浪人又蠢蠢欲動，恢復對朝鮮半島南部及中國東南部沿海的燒殺搶掠，造成明朝與高麗的莫大困擾。

蔚山烽燧臺。烽燧臺，又稱烽火臺，是古代警報系統的戰略性建築，一般為圓筒狀，建在險要處或交通要道上。一旦發現敵情，便發出警報：白天以燃燒摻有糞便的柴草，釋放濃煙來遞送訊息；夜裡則燃燒加有硫磺和硝石的乾柴，使火光通明，以傳遞緊急軍情；後方看見便知有戰事發生，出兵相助。烽火制度是高麗毅宗三年（1149 年）所設立的，一個烽火臺通常配置有一名軍官及數名士兵。一道煙表示沒有警報；兩道煙表示敵人出現；三道煙表示敵人接近邊界；四道煙表示敵人跨過邊界；五道煙表示已與敵人接戰。朝鮮烽火制度沿用至 1894 年因電話逐漸普及而廢止。韓國許多地方迄今仍可看見烽燧臺。（作者攝）

濟州島烽燧臺。

位於慶尚南道陝川擁有八萬大藏經的海印寺，是韓國第一法寶寺。高麗末期因蒙古的入侵而國土淪喪，高宗為了保持國民的信仰而於 1236 年在江華島開始製作八萬大藏經版，至 1251 年共花了 16 年時間始完成此一大業。後來太祖 7 年（1398 年）把保存在江華島禪原寺的八萬大藏經版遷至漢陽的知天寺，第二年又轉移至海印寺，因此海印寺就成了護國信仰的中心。八萬大藏經集佛教之經、律、論三章之大成，被認定是世界佛教研究的寶貴文獻，對世界佛教研究有巨大影響，1995 年 12 月獲得聯合國教科文組織（UNESCO）指定為世界文化遺產。前往海印寺參拜的信徒及遊客終年絡繹不絕。（作者攝）

濟州適合養馬，現今島上約有一萬五千匹馬。13 世紀元朝把高麗納為藩屬之後就派三千人在濟州島牧馬，以供東征日本之用。蒙古馬與濟州當地居民採摘果子所騎乘的「果下馬」交配之後，就成為今天濟州常見的濟州馬。（作者攝）

第三章

日本侵略朝鮮劍指中國

十六世紀末豐臣秀吉發兵二十餘萬侵略朝鮮，被稱為「壬辰倭亂」及「丁酉再亂」；日本稱之為「文祿・慶長之役」。這場日本占領朝鮮並以之為跳板進攻明朝的行動最終失敗。

一三九二年，討伐倭寇有功的大將李成桂發動政變，推翻原有的高麗王朝而建立朝鮮王朝。李成桂即位後一個月就由開京遷都漢陽（一三九五年改稱漢城，二〇〇五年改稱首爾）。

十五世紀初朝鮮朝傳至世宗李祹時，朝鮮南部對岸之對馬島糧食歉收發生饑饉，為了解決生計問題，對馬島的倭寇於一四一九年大肆搶掠中國浙江福建一帶，在途經朝鮮時順帶襲擊朝鮮南部及西部一帶海岸。朝鮮宮廷為之震驚，於是派李從茂為三軍都節制使，率領朝鮮南部慶尚道、全羅道、忠清道等三道的兵船二二七艘、士兵一萬七千名，趁對馬島倭寇主力正在騷擾明朝之時機進攻對馬島。經過數月的鏖戰，朝鮮軍大致剿滅了倭寇的巢穴。九月二十九日，對馬宗氏（藩主）向朝鮮投降。此役朝鮮稱之為己亥東征、己亥征倭之役或第三次對馬島征伐，日本則稱為「應永外寇」。

之後對馬宗氏和朝鮮達成協定：對馬的商人可以在釜山等三個指定的地點和朝鮮貿易，同時宗氏要控制和制止倭寇對朝鮮的襲擊。一四二三年，對馬向朝鮮進貢黃銅與硫磺，換回日本戰俘。一四四三年雙方簽訂癸亥條約，朝鮮給予宗氏貿易壟斷特權，宗氏則要向朝鮮進貢。在此後的朝鮮與日本貿易中，雙方互通有無，朝鮮輸出大米、漆器與儒家書籍等，對馬則出口自產和來自日本的銅、錫、硫磺和草藥。此戰之後，朝鮮和對馬島之間恢復和平，雙方的長期貿易互利互惠，大致和平相處，但是日本倭寇對明朝的侵擾仍持續不斷。

此段歷史也是至今部分韓國人士主張韓國擁有對馬島主權的由來。

日本關白豐臣秀吉於一五八九年大致上統一日本後，為了平息國內武士對土地分封不均之不滿，想要以對外出兵來解決內部的問題。一五九一年豐臣秀吉以「假道入唐」（指中國）為名義，致函朝鮮國王宣祖李昖，表示將於次年春天假道朝鮮進攻明朝，要求給予協助。

在久未獲答覆後，豐臣秀吉於一五九二年三月，發兵二十餘萬（多數為正規軍，非僅倭寇），以對馬島為跳板，渡海進攻釜山、晉州一帶。戰爭初期日軍勢如破竹，朝鮮半島南部慘遭日軍蹂躪，朝鮮則潰不成軍幾乎滅亡。國王李昖先逃至平壤，情況危急再逃至朝鮮與中國邊界的義州，並派員向明朝乞援。明朝廷經過反覆求證後派軍馳援，朝鮮各地義軍也蜂起加入抗日。海戰方面李舜臣率領的朝鮮水軍在南部海岸屢勝日本水軍，陸上戰事則呈膠著狀態，期間一五九三年雙方曾一度議和並休戰。一五九七年戰事復燃，明朝再度派水、陸大軍與朝鮮共同作戰，至戰爭末期日本水軍已難以有效支援其滯留在朝鮮之陸軍部隊；一五九八年九月豐臣秀吉病逝，日軍才自朝鮮撤退。該期間朝鮮稱之為「壬辰倭亂」及「丁酉再亂」；日本則稱之為「文祿・慶長之役」。這場日本占領朝鮮並以之為跳板進攻明朝的行動最終失敗。

朝鮮打敗日本入侵大軍，固然明朝派水陸大軍救援是主因，但是時任全羅左道水軍節度使的李舜臣數次成功地在海上戰術性的擊敗了日本人，居功厥偉。他改進了龜船，在近海日本騷擾朝鮮征伐軍的海上補給，於朝鮮即將完全淪陷的時刻，讓日本知道朝鮮還是有一支抵抗力量的存在。其中鳴梁大捷和閑山島大捷是李舜臣最負盛名的兩場海戰。一五九八年，李舜臣在露梁海戰中配合明軍水師作戰時，與明軍鄧子龍共同伏擊日軍卻不幸雙雙遇難，死後被朝鮮譽為民族英雄及忠臣的代表人物，謚號忠武。

一九五〇年七月，北韓設立李舜臣勳章，用以授予作戰中立有戰功的北韓海軍官兵。在南韓方面，首爾光化門廣場和釜山的龍頭山公園以及木浦，均建有李舜臣的巨型銅像。另外，他的頭像也出現在該國的一百圜硬幣上。南韓海軍開發的 KDX-II 驅逐艦被稱為忠武公李舜臣級驅逐艦。首爾的忠武路和全羅南道光陽海域的「李舜臣大橋」也是為紀念李舜臣的歷史功績所命名。

壬辰倭亂明朝派大軍馳援朝鮮，一五九八年九月日軍退兵後戰事結束，有一些明軍官兵留在朝鮮落戶生根。在前述的露梁海峽（介於慶尚南道河東郡與南海郡之間）大捷之處，一九七三年建有南海大橋，長六百六十公尺，十分壯觀美麗，我曾經到訪數次。南海大橋南端處除了有紀念李舜臣的公園及展示李舜臣的龜船之外，聽當地人說，附近有幾戶姓陳的人家就是當年明朝水軍於戰後留下落戶的明朝軍官後代。此外，一位在明軍提督李如松麾下的杜思忠將軍與朝鮮軍並肩作戰屢立大功。倭亂結束後，杜思忠定居在現今大邱市壽城區晚村洞，而後建壇，每月初一穿著明朝官服向大明皇帝行拜禮。杜思忠去世後，子孫遵照遺囑將其安葬在大邱兄弟峰。目前的「慕明齋」是杜思忠後世子孫為紀念他而在其墓前建築而成，意為思慕明朝，一九六六年重修。

日軍自朝鮮撤兵後，兩國間恢復和平。一六〇七年朝鮮國王宣祖派遣一龐大使節團前往江戶（東京），企圖與日本修好，並窺探日本虛實，同時帶回戰爭期間遭日本俘虜的官兵。此後至純祖十一年（一八一一年）期間，朝鮮總計派遣了十二次使節團至日本，史稱朝鮮通信使。日本也派有使團前往朝鮮，稱之為日本國王使。歷次朝鮮通信使均十分龐大，少則三百人，多則五百人。主要成員為三使（正使、副使、從事官）及相關官吏，以及儒者、良醫、工匠與衛隊等。朝鮮通信使的路線都是從漢城出發，不論經陸路或水路都要到釜山，再搭船經對馬島至福岡或下關、廣島等地前往江戶。朝鮮通信使團來回一趟至少五個月，多則七、八個月。該十二次朝鮮通信使對促進朝鮮與日本間的相互瞭解及文化交流有相當助益，均為雙方所重視的歷史重大事件。

釜山為歷次朝鮮通信使離開朝鮮前往日本之啟航地，釜山市政府近幾年來於每年五月初舉辦朝鮮通信使祭，安排大規模遊行，重現當年使團樣貌，並邀請日本相關城市派團共襄盛舉，使得這個具有歷史意義及促進兩國交流的慶祝活動一年比一年熱鬧，已成為釜山最佳節慶活動。作者派駐釜山期間觀賞了三次，樂此不疲。

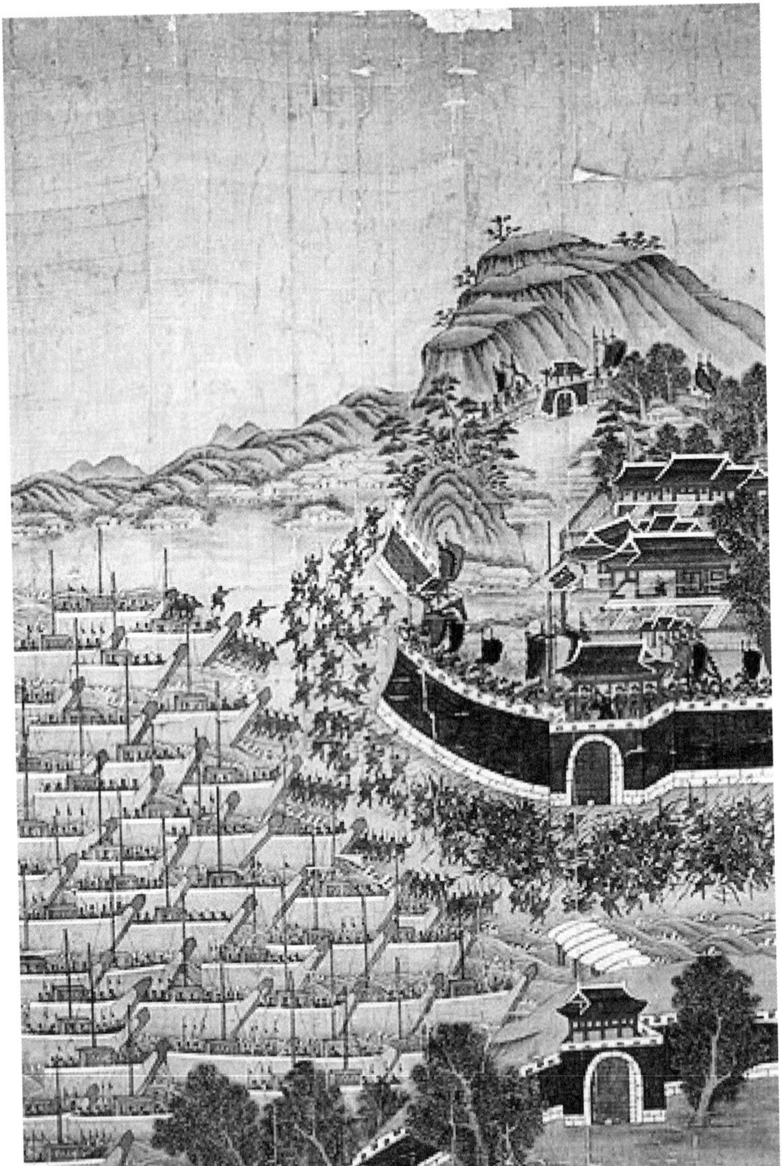

1592 年日軍攻打釜山繪圖。（摘自 Wikipedia）

16 世紀末年壬辰倭亂期間，侵略朝鮮的日軍在朝鮮半島南部沿岸要衝之地，東起蔚山、西生浦，西至南海、順天，建立了 30 餘處城堡（朝鮮稱倭城）。其中位於全羅南道順天市的順天倭城，是最西邊也是最晚（1597 年）才構築的，以作為攻略湖南（今全羅南北道）的根據地。（作者攝）

晉州城內矗石樓。（作者攝）

慶尚南道晉州市古城門。1592 年倭寇入侵朝鮮進攻晉州被擊退，次年倭寇再犯攻破朝鮮守軍防禦，城內軍民 6 萬餘人慘遭屠殺。（作者攝）

首爾光化門廣場威風凜凜的李舜臣像。（作者攝）

俯瞰木浦的李舜臣像。（作者攝）

釜山龍頭山公園李舜臣像。李舜臣是 16 世紀末朝鮮奮勇抵抗倭寇侵略的最大功臣，韓國許多地方都看得到他的雕像。（作者攝）

壬辰倭亂期間，李舜臣以自己設計的龜船對抗日本水軍，戰果奇佳。圖為停泊在鎮海軍港的仿製龜船。（作者攝）

慶尚南道河東郡與南海郡之間的南海大橋全長 660 公尺，跨越壬辰倭亂期間的海戰戰場露梁海峽。其下有龜船供遊客參觀。（作者攝）

壬辰倭亂時，明軍一位杜思忠將軍屢立大功。倭亂結束後，杜思忠定居在現今大邱市。杜思忠去世後，子孫將其安葬在兄弟峰。目前的慕明齋是杜思忠後世子孫為紀念他而在其墓前建築而成，意為思慕明朝，1966 年重修。（作者攝）

第四章

朝鮮中期閉關鎖國 兩百年無戰事

朝鮮連續遭受日本豐臣秀吉與後金侵略後，採取閉關鎖國政策，只與宗主國清朝有較密切的直接往來，倭寇也停止騷擾，朝鮮半島享受約兩百年沒有戰爭的年代。

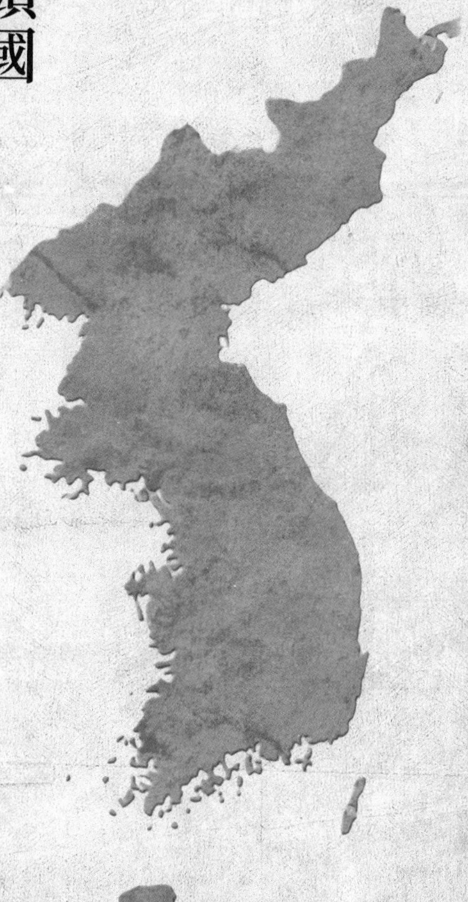

朝鮮在十六世紀末遭日軍侵略，因宗主國明朝派大軍救援才免於亡國，所以朝鮮繼續臣服明朝也是順理成章。但是明朝因為兩度派軍遠征朝鮮半島與日本交戰，國力折損，間接導致朝鮮北鄰的女真族在滿洲崛起。一六一六年努爾哈赤在今遼寧一帶稱汗建立「大金」（後金），明朝無力壓制。一六一八年努爾哈赤發檄文起兵反明，終在數十年內逐步南下中原消滅明朝建立大清帝國。

一六二三年，朝鮮發生政變，仁祖李倧被擁上王位。他一改原有的中立政策而拒絕與北鄰的後金互相貿易，還允許明軍以朝鮮為據點進攻後金。於是後金在一六二七年派軍三萬入侵朝鮮。這場戰爭持續了三個月，後金大軍逼近朝鮮首都漢陽，迫使朝鮮屈服。雙方使者在平壤會盟，宣布後金與朝鮮結成「兄弟之盟」，朝鮮史稱「丁卯胡亂」或「丁卯戰爭」。

丁卯戰爭之後，朝鮮雖與後金結盟，但暗中仍舊保持著與明朝的關係，一六三六年二月，後金皇太極遣使通報朝鮮，自己將由大汗改稱皇帝（清太宗），希望朝鮮參與勸進並向其跪拜朝賀，但未為朝鮮接受。清太宗遂以朝鮮背棄平壤盟約為由，派遣十萬軍隊入侵朝鮮。清軍渡過鴨綠江後，繞過堅固的城池不攻，長驅直入，十二天之後便抵達朝鮮京城漢陽城下，國王李倧出走南漢山城避難，史稱「丙子胡亂」或「丙子戰爭」。翌（一六三七）年正月三十日，李倧走出被清軍包圍的南漢山城，前往漢江東岸清營向清太宗投降，史稱「丁丑下城」。經過此戰，朝鮮成為清朝的藩屬國，並徹底斷絕了與原宗主國明朝的關係。

朝鮮連續遭受日本豐臣秀吉及後金侵略後，採取閉關鎖國政策，只與新宗主國清朝有較密切的直接往來，與日本則僅有十數年一次的「通信使」及民間貿易等有限交往，倭寇也停止騷擾，朝鮮半島享受約兩百年沒有戰爭的年代。然而此時歐洲大航海時代已然來臨，西方強國的觸角也已逐漸伸向朝鮮半島。

◆　◆　◆

哈梅爾（Hendrik Hamel）是一名荷蘭東印度公司（Dutch East India Company; VOC）的會計，一六五三年他隨船到達巴達維亞（今雅加達），之後搭乘一艘名為「De Sperwer」號商船抵達臺灣臺南，停留十天裝載臺灣盛產的鹿皮。這艘船於七月底自臺南出發駛向日本長崎，幾天之後在海上遭遇颱風而翻覆，船上七十餘人僅三十六人倖免於難，漂流到朝鮮的濟州島。

大難不死的哈梅爾一行人被地方官員救起並送到首都漢城，他們居然遇到一位在朝鮮宮廷任官多年的荷蘭老鄉朴淵（J. J. Weltevree），他也是因為船難漂流到朝鮮之後娶妻入籍。哈梅爾自朴淵口中得到許多有關朝鮮的訊息。隔幾年後哈梅爾等人被遣送到全羅南道康津、順天等地，當年朝鮮流配犯人的地方。他們在朝鮮停留十三年餘期間行動自由，可以四處走動並與人接觸。一六六六年哈梅爾及倖存的七名夥伴在麗水偷了一條小船，離開朝鮮到達日本長崎，後來輾轉經巴達維亞（今印尼雅加達）回到荷蘭。哈梅爾在抵達長崎之後就開始撰寫他們在朝鮮停留期間所見所聞的報告，目的是要跟公司索取這段期間的薪水，沒想到成為西方世界第一本完整介紹朝鮮的書籍。

哈梅爾在朝鮮的經歷後來被編寫出版為《哈梅爾漂流記》，二十幾年前還被拍成電視連續劇，成為南韓家喻戶曉的故事。一九八〇年，濟州地方政府在哈梅爾等人當年船難登陸的地點建立了一座紀念碑及一艘仿製的荷蘭式古船，流放的康津營房變成哈梅爾博物館，他最後逃離的地點麗水市也建了一座哈梅爾燈塔。

坐落於首爾東南方 24 公里處廣州的南漢山城，總長約 12 公里，高度為 7 公尺餘，依山勢建築，易守難攻。1637 年清朝皇太極進兵朝鮮，朝鮮仁祖遷王族於江華島避難，自己則退守南漢山城。清軍乘臨津江結冰渡江攻占漢陽，包圍南漢山城長達數月。後來仁祖被迫出城，脫去王服，改穿青衣，拜見皇太極，行三跪九叩之禮，與清朝簽下屈辱的和約，改奉清朝為宗主國，韓史稱丙子胡亂。（作者攝）

南韓濟州道政府在哈梅爾當年船難漂流後登陸的地點設置一艘仿製的 17 世紀荷蘭船。（作者攝）

第五章

列強入侵朝鮮

一八六三年，年僅十一歲的高宗李熙即位，由其父興宣大院君攝政。大院君逐漸削弱外戚勢力，王權漸趨穩固，惟此時密布的烏雲已逐漸籠罩了朝鮮半島。

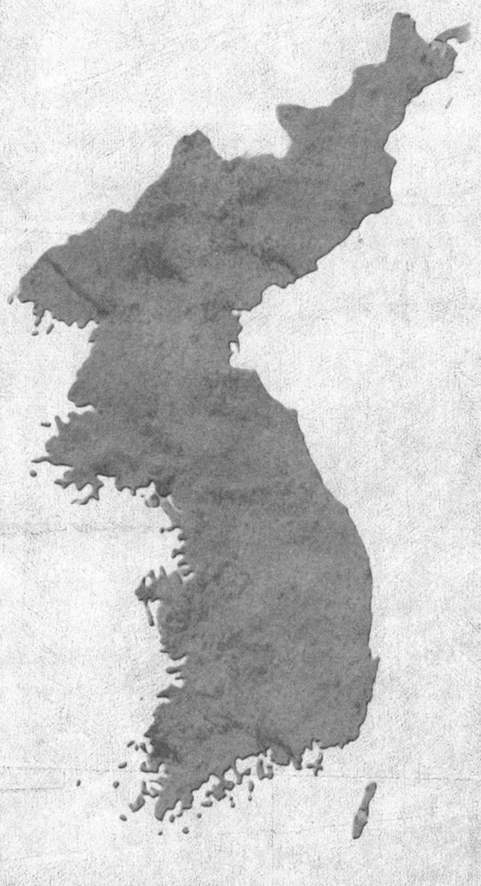

在豐臣秀吉與後金入侵之後的二百年間，朝鮮半島沒有外國勢力入侵，但是宮廷內鬥、黨爭、士禍等始終沒有停過。朝鮮英祖李昑（一七二四至一七七六年）和正祖李祘（一七七六至一八〇〇年）在位時期，得到實學者的廣泛支持，採取經世致用、利用厚生和實事求是等政策，開始出現復興。這一時期可算是朝鮮的小康時期。

一八〇〇年，英正時代結束後，繼位者多半年幼加上無子嗣，而安東金氏、豐壤趙氏等外戚勢力逐漸崛起，家族內曾有三位女性成為王后，並有多人出任高位，王權旁落。直到一八六三年，年僅十一歲的高宗李熙即位，由其父興宣大院君攝政。大院君逐漸削弱外戚勢力，王權漸較穩固，而此時密布的烏雲已逐漸籠罩了朝鮮半島。

◆ ◆ ◆

丙寅洋擾　法國攻打江華島

十九世紀的朝鮮如同宗主國清朝一般，長期內部腐敗積弱不振，且昧於外情，不知東亞以外的世界發展，於是開始遭到西方列強的欺淩。大院君極為排外，執政時閉關鎖國，且迫害國內的基督教徒及傳教士，最終導致一八六六年八月法國派艦隊攻打江華島事件。

實際上法國在十八世紀即已對朝鮮產生興趣，一七八七年（法國大革命之前兩年），兩艘法國軍艦闖入朝鮮濟洲島及鬱陵島（位於日本海，朝鮮稱東海），且對朝鮮南部沿海的航道進行測量。一八三九年，朝鮮發生法國傳教士被殺事件，一八四七年法國決定報復朝鮮，但由於船隻抵達朝鮮半島前觸礁而作罷。一八五六年，數百名法國士兵在朝鮮長古島登陸，燒殺搶掠，並波及黃海道沿岸。

一八六六年，大院君重申禁止天主教在朝鮮傳教，更捕殺信奉天主教的朝鮮官員等多人，甚至殃及九名法國天主教傳教士。法軍遠東艦隊司令羅澤（Pierre-Gustave Roze）要求朝鮮為殺害法國人賠款、懲凶，以及派出全權代表與法國談判並締結通商條約。大院君表示絕不議和，並命令加強漢江下游到西海岸的防禦工事，防止法國軍艦溯江而上。兩軍開始交鋒後，十月及十一月初朝鮮軍在兩次戰役中擊退法軍，羅澤決定撤兵，命令軍隊將江華島洗劫一空，並燒毀長寧殿和無數官衙民房，將府庫中的金銀財寶盡數搶走，又從外奎章閣掠走《朝鮮王朝實錄》等珍貴政府檔案。這段過程，史稱「丙寅洋擾」。

一百多年後，首爾大學於一九九一年向政府提出要求法國返還外奎章閣圖書的要求，經過一段時間的外交努力，一九九三年抵韓訪問的法國總統密特朗攜帶二九七本圖書中的一本，予以返還，並達成了「互相交流和租借」的原則性共識。法國直到二〇一一年才以永久出借的名義把剩餘的文物歸還南韓，當時我駐在南韓釜山，南韓舉國上下咸認法國歸還朝鮮文物是一大外交勝利。

辛未洋擾　美軍攻打江華島

一八六八年，美國商船「舍門將軍號」（General Sherman）自中國天津出發，沿大同江溯江而上在平壤靠岸，試圖與朝鮮開展商貿外交，但與當地居民發生衝突，部分船員被殺害。

一八七一年，美國派海軍少將 John Rodgers 率領「科羅拉多號」（USS Colorado）等五艘戰艦，兵力一二三〇人，組成亞洲特遣隊浩浩蕩蕩前往朝鮮問罪。六月一日，美特遣隊欲通過江華海峽溯漢江而上至漢城，受到江華島守軍砲擊。六月十日美國特遣隊攻擊江華島，輕易地攻占草芝鎮及德津鎮兩處要塞，繼而用優勢火力及兵力攻打廣城堡。廣城堡守將魚在淵及數百名官兵雖奮勇抵抗，奈何火砲老舊兵力不足，兩天後廣城堡陷落，魚在淵及屬下官兵全數陣亡；美軍僅三人戰死。美特遣隊在江華島一帶逗留至七月三日，未獲得朝鮮任何承諾後離去，朝鮮史稱「辛未洋擾」。史家評論美國此役為「軍事勝利、外交失敗」。辛未洋擾之後不到八十年，一九五〇年韓戰爆發，美國為了保護南韓，派遣大軍抵禦北韓的侵略而在朝鮮半島陣亡三萬六千餘人，負傷更高達九萬餘人。直至目前二〇二三年這場戰爭還沒正式終止，美國在南韓還駐有大軍，這些應該是辛未洋擾當年的美國人——尤其是特遣隊官兵所無法想像的。

美朝衝突後，在中國的調解與協助下，一八八二年美國與朝鮮簽訂《朝美修好通商條約》，朝鮮王朝正式與美國建交，美國在漢城設置了公使館。朝鮮與美國建交後至朝鮮被日本吞併前的二十多年裡，美國曾三度派兵至朝鮮。一八八八年，朝鮮出現叛亂，為保護僑民，美國向朝鮮半島派遣海軍；一八九四至一八九六年中日甲午戰爭期間，美方派遣了海軍陸戰隊進駐漢城以保護美國公使館和僑民；一九〇四年日俄爆發戰爭，美方再次派遣陸戰隊入駐漢城。一九〇五年，朝鮮實質成為日本保護國後，美國於是中斷與朝鮮的外交關係。四十年後二次世界大戰結束，美軍再度回到朝鮮半島。

有關美國進攻江華島及其後美國在漢城設立公使館等兩國關係的發展，二〇一八年由韓國tvN製作並由Netflix全球上線的韓劇《陽光先生》（*Mr. Sunshine*），對此有相當的描述。

◆　◆　◆

雲楊號事件　日軍攻占江華島

一八五四年美國海軍准將馬修．培里（Matthew Calbraith Perry）率艦隊進入東京灣迫使日本開國，日史稱「黑船事件」，正式宣告鎖國政策結束，引發日本的重大改革，也扭轉了日本的國運。

如前數章所述，日本自古以來即覬覦朝鮮，十六世紀末的文祿．慶長之役（壬辰倭亂、丁酉再亂）幾乎把朝鮮消滅。十七、十八世紀倭寇侵擾朝鮮半島稍歇，但實際上對這東亞橋梁未曾忘情。一八六八年一月，日本德川幕府崩潰，明治天皇「王政復古」，遷都東京，實行明治維新，改革各種制度，努力學習西方，國力日漸強盛。天皇復權後日本與朝鮮之間有「釜山倭館」及國書稱謂等諸多齟齬，「征韓論」再度引起論戰，然而只是所謂急征與緩征的差別而已，也有政客主張「失之俄美，補之朝鮮」。

一八七五年發生牡丹社事件，日本藉琉球宮古島漂民在臺灣遇害，聲稱琉球係日本屬邦，派西鄉從道率三千餘兵力進犯臺灣，勒索了清朝五十萬兩白銀。日本摸清清朝底細，並在牡丹社事件結束後，開始謀劃朝鮮。日本為加速打開朝鮮國門，便學習歐美國家的「砲艦外交」，終於引發「雲揚號事件」。

一八七五年九月國力逐漸強大的日本派遣雲揚號及「第二丁卯」、「春日丸」等三艘軍艦先在釜山進行騷擾，之後抵江華島一帶打探朝鮮海防虛實。江華島是漢江的出海口，溯江而上就可抵首都漢城，江華島入口設立有「海門防守他國船愼勿過」的石碑。這是繼丙寅洋擾、辛未洋擾之後再有外國軍艦進攻江華島。朝鮮守軍砲擊警告後，日艦展開攻擊。朝鮮守軍在江華島上設有數十門各型火砲，然均屬舊式，不敵日本軍艦上的新式先進火砲；登陸日軍士兵僅三百餘人，卻擊潰島上數倍於此的朝鮮守軍，並大肆搶掠當地村鎮而離去。一八七六年二月二十六日，日本與朝鮮在江華島簽訂不平等的《江華條約》，日本稱《日朝修好條約》，朝鮮給與日本領事裁判權，加開元山、仁川二埠進行貿易等特權，並互相承認為自主獨立的國家。當時清朝仍是朝鮮的宗主國，但自一八四〇年中國與英國間發生鴉片戰爭以來，清廷忙於應付西方列強接踵而至的欺凌，而且日本又剛併吞琉球及因牡丹社事件而進軍臺灣，泥菩薩過河自身難保，因此對此事件反應「漠然」。

◆ ◆ ◆

不僅蒙古帝國在十三世紀對其久攻不下，甚至在十九世紀中期，法國、美國及日本於十年之內先後派軍攻打扼守漢江口的江華島，這個島嶼顯然在朝鮮的歷史上有其重要地位。

作者於二〇一一年四月前往江華島參訪，對於朝鮮在此連續抵抗列強入侵極感興趣，島上的歷史遺跡也保護得相當完整，於是在我的部落格「韓國也可以這樣玩」撰寫了數篇與江華島相關的文章。時隔兩月，我去釜山市影島區拜會區廳長（民選），見他姓「魚」實屬罕見，就脫口問他是否為辛未洋擾壯烈成仁的魚在淵將軍之後代。魚區廳長大為驚訝一個外國人初次見面就問候他的祖先，於是熱烈回應。之後我們成為好朋友，經常一起餐敘。

英國占領巨文島事件

巨文島處於朝鮮半島南海岸諸多島嶼中最突出的一個島群，隔對馬海峽與日本列島相對，不僅是朝鮮與日本兩國間的重要海路通道，也是俄國自海參崴南下的必經之路，具有重要的戰略價值，有「東方的直布羅陀」之稱。一八四五年英國海軍部辦公廳主任漢密爾頓（W. A. B. Hamilton）命令英國軍艦調查測量巨文島，因而英國稱之為「漢密爾頓港」（Port Hamilton）。

一八八五年，英國與俄國雙方在中亞擴張勢力而在阿富汗發生碰撞，俄國軍艦聚泊海參崴，在東亞有重大利益的英國恐其染指朝鮮東岸的元山港及派艦隊南下侵擾香港，於是計畫在半路攔截。英國因此派三艘軍艦占領巨文島，以牽制俄羅斯。

朝鮮求助於清朝，清廷憂慮俄羅斯與日本可能因此事介入朝鮮半島，因此以宗主國身分介入，李鴻章派丁汝昌率北洋艦隊主力艦定遠號巡弋於巨文島附近海域，丁汝昌也曾登島考察。清朝在英俄兩國之間展開外交斡旋，最終俄國允諾不侵占朝鮮領土，英軍於一八八七年撤出巨文島。此一過程可說是滿清末年外交還算不難看的一頁，歷史稱之為「巨文島事件」（Port Hamilton Incident）。日本於一九一〇年兼併韓國，巨文島也落入日本帝國的版圖。二次世界大戰結束後處理日本戰敗的舊金山和約（Treaty of San Francisco），有特別提及日本放棄對巨文島的主權。

作者於二〇一一年九月自全羅南道麗水市搭船前往這個一般旅客比較少踏足的巨文島。巨文島由三個小島組成，港灣良好，可控制朝鮮海峽南部及濟州海峽，難怪當年英國與俄國發生衝突要先下手為強占領這個戰略要地，至一八八七年二月始撤離。巨文島上至今仍有十餘名英國水手的墳墓。據說英軍占領巨文島期間有與當地女子結婚生子的紀錄，我在島上四處行走時確實也看見幾位當地人約略有洋人的輪廓，只是尊重個人隱私權，並未拍下這有趣的景象。

孤懸於日本海（南北韓均稱為東海）的鬱陵島，三國時代稱于山國，現隸屬南韓慶尚北道鬱陵郡。法國早在 1787 年即派艦來此進行測量。南韓與日本有領土爭執的獨島（日本稱竹島）隸屬鬱陵郡鬱陵邑獨島里，距本島東南 88 公里，面積僅 0.186 平方公里。（作者攝）

江華島上的外奎章閣。1866 年法軍入侵掠奪存藏在內的朝鮮重要文件，2011 年才歸還韓國。（作者攝）

江華島扼守漢江入口，在韓國歷史上有其重要地位。13 世紀高麗朝為抵抗蒙古軍入侵曾把首都從開京（今北韓開城）遷到江華島。UNESCO 世界文化遺產八萬大藏經就是於該時期在江華島上完成。1627 年朝鮮時期女真族入侵的丁卯胡亂及 1636 年的丙丁虜亂，國王仁祖都到江華島避難。江華島原本就擁有與陸地隔絕的天險，朝鮮時期更建築許多防禦設施（城郭、鎮、堡、墩臺、砲臺、烽燧臺等）。江華島各種防衛設施中以扼守海道的廣城堡最重要。1866 年法軍侵擾江華島大肆搜刮而去。1871 年美軍入侵廣城堡，經過慘烈戰鬥，朝鮮守軍全數陣亡。1875 年日軍侵占江華島，朝鮮被迫簽定《江華條約》。（作者攝）

19 世紀江華島因外國船艦頻繁侵擾，朝鮮遂在廣城堡邊設立「海門防守他國船慎勿過」碑。（作者攝）

日本入侵江華島繪圖。
（摘自 Wikipedia）

巨文島港灣良好可監控朝鮮海峽出入。（作者攝）

巨文島上有幾張 1880 年代英軍占領時期英國水手及當地居民合照。（作者翻攝）

第六章

中日甲午戰爭

一八八七年，日本參謀部制定《征討清國策》，提出「以五年為期作為準備，抓住時機，準備進攻」，對中國進行一場「國運相賭」的戰爭。

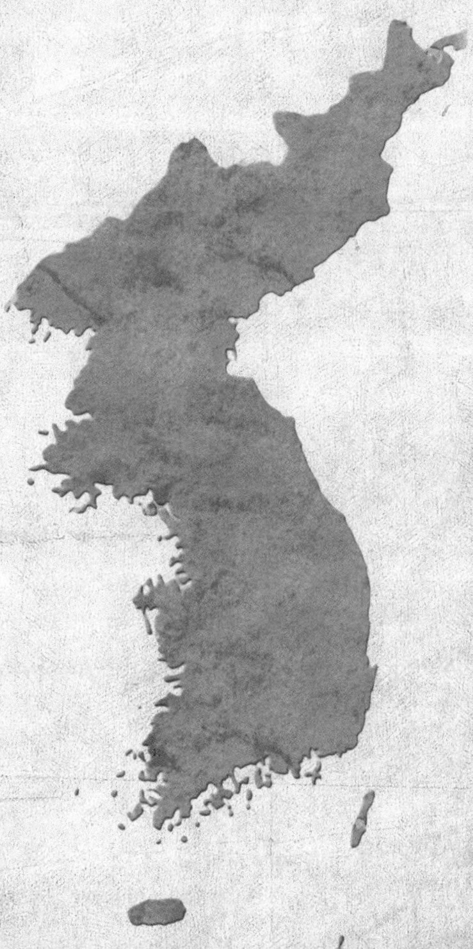

一八七五年日本製造雲揚號事件迫使朝鮮簽訂《江華條約》，在朝鮮造成保守黨與維新派的鬥爭。保守黨欲維持「事大交小」傳統的外交方式，維新派則想因此脫離與中國的冊封關係，與歐美結交來發展朝鮮。但中國仍控制著朝鮮朝廷保守的官員與貴族。

一八八二年，朝鮮發生新舊黨之爭。維新派組成開化黨，是為新黨；舊黨則以大院君李昰應為首。因王妃閔氏（死後諡明成皇后）一族與李昰應不睦，李昰應遂唆使兵變，焚日本使館。日本因而出兵朝鮮，清廷亦派兵朝鮮。敉平叛亂後，中國與日本皆駐軍漢城。清朝將領吳長慶與袁世凱將李昰應逮捕，囚禁於中國保定，三年後始釋放。

一八八四年，對競逐朝鮮半島益趨積極的俄羅斯也與朝鮮簽訂《朝俄修好通商條約》，於是俄國勢力也快速進入朝鮮半島，使得朝鮮半島情勢越加複雜。

一八八四年，中國與法國發生戰爭，日本密令其駐朝鮮公使竹添進一郎策劃朝鮮維新派開化黨人發動政變，日本派兵入宮。朝鮮大臣奔向清軍軍營請求援助，袁世凱率領二千名清軍進入漢城，擊敗日軍後攻入王宮，救出朝鮮高宗。高宗獲救後，立即下令將擒獲叛黨首領洪英植等七人處死，並追捕餘黨。事件過後，一八八五年四月十八日，中日兩國代表李鴻章、伊藤博文於天津簽訂《中日天津條約》，中日兩國均自朝鮮撤兵，並約定：「將來朝鮮如有事，中日兩國或一國要派兵，應先行文知會；及其事定，仍即撤回，不再留防。」

日本對中國的野心古已有之，十五世紀末豐臣秀吉攻打朝鮮（即壬辰倭亂、丁酉再亂）其實是借道朝鮮攻打中國。一八八七年，日本參謀部制定《征討清國策》，提出「以五年為期作為準備，抓住時機，準備進攻」，對中國進行一場「國運相賭」的戰爭。一八九二年，日本提前完成了自一八八五年開始的十年擴軍計畫，建立了一支以中國為假想敵的新式陸軍和海軍，大幅增加常備與預備軍力。一八九〇年，日本內閣首相山縣有朋在國會施政演說中，稱朝鮮、滿洲和臺灣是日本的「利益線」，是與日本「安危密切相關的地區」，宣稱保衛利益線上「國家獨立自衛之道」。日本在其後五十年對中國的侵略果然大致與此主張相符。

一八九四年三月，朝鮮發生東學農民革命，高宗向清廷告急。四月，直隸提督葉志超奉令率軍馳赴朝鮮，清軍登陸駐屯於牙山，並按《中日天津條約》之規定電告日本。日本得知朝鮮向清政府求援後，以保護使館和僑民為藉口向朝鮮增兵。六月十三日，朝鮮政府致函袁世凱，要求清兵撤離以避免日本軍事入侵。清政府旋即同意朝鮮的撤兵請求，並向日本提出雙方同時撤軍。日本則提出「日中共同改革朝鮮內政」，遭到清政府的拒絕。此後，日本改為單方面向朝鮮施壓，要求朝鮮「改革內政」，否則動用武力。七月二十日，日本向朝鮮發出三天內廢除與清政府一切條約的最後通牒。二十三日凌晨，日軍攻占了朝鮮王宮，推翻反日之閔妃集團，逼迫高宗將大權轉交給大院君，並成立以金弘集為首的親日內閣。日本旋即唆使金弘集政府廢除與清政府的一切條約，並委託日本驅出清軍。

清廷北洋大臣李鴻章聞訊急調總兵衛汝貴、提督馬玉崑率軍火速由大東溝登陸，進駐平壤；

另調北洋陸軍十餘營分批渡海馳援朝鮮。七月二十三日，濟遠和廣乙兩艦抵達牙山，掩護運送清軍的運兵船在朝鮮牙山登陸。二十五日兩艦返航在豐島遭遇日本聯合艦隊吉野、浪速及秋津洲三艦，日軍不宣而戰，發砲攻擊，清艦還擊，雙方交戰數小時。濟遠艦以一敵三，不敵敗走，日艦在追擊過程中遇到清軍租用的英國運兵船高陞號，將其擊沉，船上七百餘名官兵除少數獲救之外，悉數遇難。這是中日雙方第一次海戰，結果清廷慘敗，稱之為「豐島海戰」，是為中日甲午戰爭之始。陸戰方面，七月二十八日夜，日本陸軍進攻牙山清軍，發生成歡之戰，清軍不支，退向平壤。八月一日光緒帝下宣戰之詔。日本明治天皇也發布宣戰詔書。兩軍在海上及陸上同時進行激烈的戰鬥。

豐島海戰之後兩國續發生黃海海戰，北洋水師失利，剩餘艦隻退守威海衛。日海軍取得黃海制海權。一八九五年二月三日日軍攻陷威海衛城，北洋水師將領丁汝昌等先後自殺。十七日，日軍在劉公島登陸，由最年輕管帶（艦長）薩鎮冰向日軍伊東中將獻降，濟遠等十艦為日軍所俘。北洋艦隊全軍覆沒。

在陸戰方面，成歡之戰後清軍退守平壤。九月十五日，日軍分三路總攻平壤，戰鬥至為激烈，清軍後大敗撤退直至鴨綠江以北，朝鮮全境為日本所控。十月二十五日日軍渡過鴨綠江，繼之攻陷虎山並將第一軍司令部移於虎山。日軍持續猛攻清軍，至十一月十日日軍登陸並占領大連灣，至此清軍在鴨綠江防線全線崩潰。十一月二十一日旅順陷落，日軍對城內進行四天三夜的大屠殺，超過二萬人遇害。次（一八九五）年三月七日至九日的田庄臺之戰，是中日甲午戰爭規模最大和最後一次陸戰，清政府慘敗。至此，中日甲午戰爭完全結束，清廷被迫議和，隨後與日本簽訂《馬關條約》。日本取得臺灣、澎湖及遼東半島，中國承認朝鮮是自主獨立國家，不再主張朝鮮之宗主國，朝鮮成為日本的勢力範圍。

依照《馬關條約》，日本獲得了遼東半島的主權，嚴重威脅到俄國意欲侵占中國東北而取得遠東不凍港的戰略意圖，於是聯合德國與法國出面要求日本放棄遼東半島，即三國干涉還遼。日本最終與清政府簽訂《遼南條約》，清廷付出三千萬兩白銀「還遼費」，日本歸還遼東半島。日本懷恨在心，埋下日後與俄國戰爭的種子。

第七章

日本與俄國爭奪朝鮮半島利益

日本與俄羅斯之間充滿新仇舊恨，而且在朝鮮半島的權力角逐日益激化，與英國結盟後，日本有恃無恐，最後於一九〇四年對俄國發動戰爭。

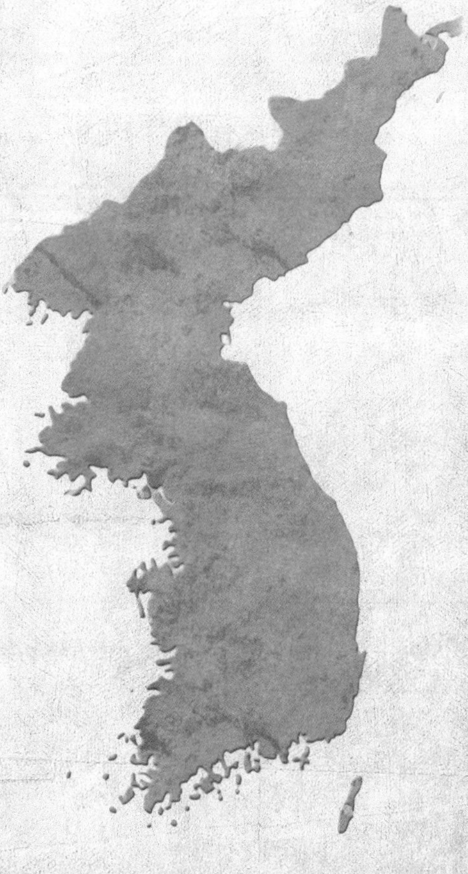

一八九五年七月，日本唆使朝鮮朴泳孝等親日派剷除閔妃，卻因陰謀敗露，反而使閔妃得勢。同月六日，閔妃聽從美國顧問李仙得[1]的建議並在俄羅斯公使韋貝的支持下發動宮廷政變，推翻朴泳孝親日內閣，並組建李允用親俄政府。十月八日，日本公使與朝鮮親日派發動宮廷政變，唆使日本浪人及四百名日本守備隊員，打著大院君的旗號，攻入景福宮殺死閔妃並焚屍，推翻親俄內閣，史稱「乙未事變」。

日本恢復金弘集親日內閣後，在朝鮮引發大規模反日義兵運動，以「尊王攘夷」、「恢復國權」的名義攻克忠州、晉州等重鎮，威脅大邱、釜山乃至首都漢城等大城。朝鮮親俄勢力利用此次義兵運動，在沙俄的支持下成功推翻金弘集親日內閣。親俄與親日勢力激烈鬥爭，漢城情勢混亂，一八九六年二月十一日高宗與世子（後來的朝鮮純宗）乘坐宮女用轎子逃進俄羅斯公使館（史稱俄館播遷）。同日，總理大臣金弘集及鄭秉夏、魚允中等親日派領袖遭民眾打死。

俄館播遷後，俄羅斯帝國在朝鮮半島的勢力得到進一步的提升。一八九七年，高宗從俄國駐朝鮮公使館回到德壽宮。為進一步實現獨立，朝鮮群臣紛紛上奏高宗建立與中國和日本一樣的帝制，高宗最終接受了文武眾臣的建議。一八九七年十月十二日，高宗在圜丘壇祭天並登基稱帝，改年號「光武」，日本公使加藤增雄、美國公使安連、俄國公使士貝耶，以及法國、英國和德國等使節祝賀。隔兩日，朝鮮宣布改國號「大韓帝國」。朝鮮半島兩千餘年的歷史第一次出現帝國，其實僅是「朝鮮國」的餘緒。

一八九六年六月，清朝與俄羅斯簽訂《中俄密約》，將中國東北諸多如興建鐵路及使用軍港等方面的重大權益讓予俄方，以尋求俄國的「保護」抗衡日本。俄國亦開始擴展至朝鮮半島，在一八九八年，俄國已經取得圖們江及鴨綠江附近的礦場及森林。俄國的擴張，引致日本的高度不安。因應俄國威脅，日本政壇元老（曾三度擔任總理大臣）伊藤博文提出與俄國修好，並代表日本政府與俄國談判，他認為日本並未有足夠的軍事實力去對抗俄國，所以他提議俄國控制中國東北以換取日本控制朝鮮半島。俄國拒絕了伊藤博文，並進一步要求以朝鮮半島三十九度線設立兩國間的中立緩衝區。

一九〇二年，渴望尋求盟友的日本成功與英國結盟，這是日本的一場外交勝利，意味著一旦日本與俄國爆發戰爭，英方將會在歐洲參戰支持日本。日本與俄羅斯之間充滿新仇舊恨，而且在

1　李仙得（Charles W. Le Gendre，或譯李讓禮、李善得，一八三〇～一八九九年），法裔美國人，曾參與美國南北戰爭，官拜准將，戰後被美國政府派任駐廈門領事。一八六七年曾因「羅妹號事件」前往臺灣與斯卡羅酋長交涉，簽定南岬協議（此節二〇二一年臺灣公共電視臺曾拍成《斯卡羅》電視劇）。一八七二年赴日擔任日本外務省顧問，曾協助日軍出兵臺灣。一八九〇年，李仙得在朝鮮大臣金嘉鎮協助下來到朝鮮，成為高宗國王的顧問及內政委員會委員，對於朝鮮國策影響深遠。一八九九年九月一日，李仙得在漢城病逝。

朝鮮半島的權力角逐日益激化，與英國結盟後，日本有恃無恐，最後於一九〇四年對俄國發動戰爭。

一九〇〇年中國發生義和團之亂引發八國聯軍，俄軍趁機占領東北三省。俄軍雖然向外保證在危機過後就會撤出，但實際上到了一九〇三年仍然未有撤軍時間表。俄國侵吞滿洲的企圖，使日、英、德等國意識到自己在中國的利益會受損，均出面干涉要求俄國從東北撤軍，美國和法國也表示反對。俄國因懾於列強干涉，於一九〇二年四月與清廷訂立《交收東三省條約》，確定俄軍將分三個階段撤出滿洲。然而，俄國只在第一階段履行約定撤兵，之後就拖延並提出不合理的撤兵條件。

日本獲知後即與俄國進行交涉，要求俄軍撤退，但遭俄方拒絕。一九〇三年日俄談判破裂。一九〇四年二月六日日本向俄國發出最後通牒，並宣布斷絕日俄外交關係。二月八日，日本海軍在未宣戰的情況下攻擊停泊在旅順港的俄羅斯旅順艦隊。二月九日俄國對日宣戰。二月十日，日本政府亦正式對俄羅斯政府宣戰，日俄戰爭於焉爆發。

日俄戰爭爆發後，兩國陸軍先後在安東、遼陽、旅順、沙河及奉天等地進行會戰，戰況十分激烈，雙方死傷慘重。海軍方面，俄軍旅順艦隊在日本海陸軍的攻擊下損失嚴重，雙方艦隊在蔚山及黃海交戰，俄軍亦失利。及至一九〇五年三月俄軍在奉天遭到日軍決定性的攻擊，俄軍往北撤退至哈爾濱一帶，日軍於三月十日占領奉天。

俄國艦隊與日本艦隊在黃海交戰失利後便計畫派波羅的海艦隊前去遠東增援，當時蘇伊士運河雖然已經開通，但是掌握在與日本有同盟關係的英國手中，不允許俄國艦隊通行，導致俄國拼湊而成的第二太平洋艦隊由波羅的海出發，繞過非洲好望角前往遠東，途經北海、大西洋、印度洋及南海，行程一萬八千海浬。終於在一九〇五年五月到達日本近海，並於五月二十七日與日本聯合艦隊在對馬海峽交戰兩日。日本聯合艦隊從朝鮮半島南部鎮海馬山出發，以壓倒性的優勢擊敗了繞過半個地球而來且疲憊不堪的俄軍艦隊，俄方幾乎全軍覆沒，而日本聯合艦隊僅損失三艘水雷艇，也是近代海戰史上少有的勝利。對馬海峽之戰後，日本完全掌握制海權，而海軍幾乎全毀的俄羅斯政府也開始面對現實，準備開始與日本進行停戰談判。

美國總統西奧多．羅斯福（Theodore Roosevelt）斡旋下，日俄於一九〇五年八月十日在美國的朴資茅斯進行談判，九月五日雙方達成協議，稱《朴資茅斯條約》。在與俄軍談判期前，日本為了增加更多籌碼，先行於七月進攻俄國的庫頁島（日稱樺太島）並占領全島。在締結《朴資茅斯條約》後，北緯五十度以北的部分庫頁島返還俄國，以南則割讓成為日本領土。

◆ ◆ ◆

講到對馬島，一般人所熟悉的歷史片段應當就是前述一九〇五年日本與俄羅斯之間的對馬海峽海戰。新興的日本帝國與向遠東發展的俄羅斯帝國為了搶奪朝鮮半島及滿洲的勢力範圍而發生戰爭，結果日軍大勝，龐大的俄國艦隊在對馬海峽幾乎全軍覆沒。日本於一八九五年甲午戰爭打敗清朝後已成為東亞強國，十年後，一九〇五年又打敗俄羅斯而躋身世界強國。

二次大戰結束之後，一九四九年一月，獨立不久的大韓民國（南韓）大統領（總統）李承晚稱：「對過去四十年間日本從韓國奪取的一切提出損害賠償，同時繼續提出對對馬島的權利主張」。李承晚的這種主張應該是基於前述高麗與朝鮮時期曾經三度占領對馬島的歷史所提出的。二〇〇五年四月六日，韓國慶尚南道馬山市市議會通過「對馬島日」條例，片面將六月十九日定為「對馬島日」，惟國際社會對此並無回應。二〇〇八年七月，南韓執政的大國家黨最高委員（常委）許泰烈宣稱：「有許多歷史資料證明，對馬島是韓國領土。直到朝鮮王朝初期，對馬島負責人仍由我們任命。前總統李承晚也曾主張對馬島是韓國領土。」但是韓國政府並沒有提出對馬歸於韓國的主權要求。

所以，南韓與日本之間除了獨島（竹島）的主權紛爭外，對馬島其實也是兩國關係潛在的爭議。而由本書前面幾章可知，古時日本與朝鮮半島、中國之間的各項文化交流、貿易，甚至軍事行動，大多以對馬島作為中繼站，對馬島在東亞的歷史扮演一個重要的角色，值得我們進一步深入瞭解。

作者於二〇〇七年七月派駐釜山，天氣晴朗時在海邊或高處肉眼可見東南方向海平線有一島嶼輪廓，即是對馬島，於是興起前往一探究竟的念頭。當年十一月在釜山港偕友人搭乘渡輪前往五十公里外的對馬島，航程約兩小時。

對馬島南北長約八十二公里，東西寬僅十八公里，面積七〇八平方公里，是日本除本土四大島以外的第六大島，人口僅四萬人，行政上隸屬於日本長崎縣對馬市。對馬島海岸線呈複雜的鋸齒狀，全長九一五公里。全島約九成土地是山林，陡峭的山巒緊連海岸，平地少見。對馬島地形狹長，東西兩岸之間雖然鄰近，可是船隻往來不便，中部最狹窄處稱淺茅灣。明治三十三年（一九〇〇年）日本政府將這個蜂腰開削，再建一座萬關橋，船隻可通行其下往來便利。中間被開削後的對馬島於是就形成了北島與南島，可說是對馬島最有趣的景點。對馬島漁產豐富，吸引了許多日本及韓國的釣客專程前去享受釣大魚的滋味。每年也有許多遊客前往對馬島參觀該島複雜奇特的地形及旖旎的海島風光。由於與南韓釜山鄰近且關係深遠，島上有幾家韓國餐廳，其中最有名的便是「釜山亭」。對馬島這趟旅程兩天一夜，沒想到卻成為作者第一次訪問日本的地方。

釜山與對馬島相距甚近，天氣晴朗時肉眼可見對馬島輪廓。（作者攝）

對馬島介於朝鮮半島釜山與日本長崎之間，是兩國往來的跳板。（作者攝）

對馬島中間蜂腰被開削形成南北兩島，其間以萬關橋交通。（作者攝）

對馬島沒有日本都市常見的高樓。市區一景。（作者攝）

第八章

日本併吞朝鮮

自日本在朝鮮建立殖民統治後，日本當局採取高壓統治政策，朝鮮人民抵抗運動不斷。

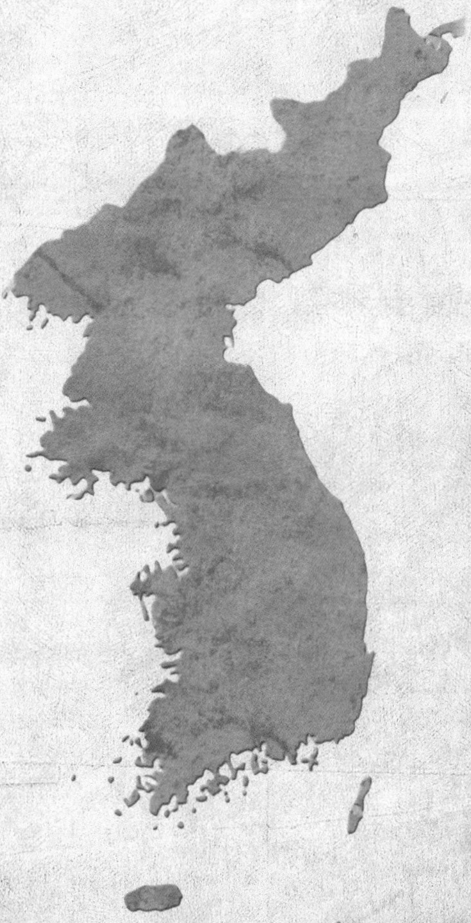

日俄戰爭爆發後，日軍第十二師團在仁川登陸，並攻入漢城，剷除政府中所有的親俄大臣，控制「大韓帝國」政府，一九〇四年二月二十三日強迫簽訂《日韓議定書》，協助日本作戰。八月日本再次強迫簽署《日韓新協約》（第一次日韓和約），規定韓國僱用日本財政和外交顧問、與外國締結條約前要與日本協商等。一九〇五年七月，日美簽訂密約，日本以承認菲律賓屬美國勢力範圍為交換，獲得美國承認日本在韓特權。八月，日本與英國簽訂二次英日同盟又獲英國承認日本在韓特權。九月五日，沙俄與日簽訂《朴資茅斯條約》，承認日本特權。日本接著於十一月十八日高壓脅迫「大韓帝國」簽定第二次日韓協約，也就是《乙巳條約》，其簽訂標誌著韓國正式成為日本的保護國，日本設立統監府治理這個新殖民地。日本強迫韓國簽訂《乙巳條約》後，韓國反日義兵運動再起，一九〇六年三月朝鮮半島各地蜂起響應。

高宗於一九〇七年因隱瞞日本派使赴海牙事件而被日本人逼迫禪讓帝位予其子李坧（朝鮮純宗），高宗改稱太上皇被軟禁於德壽宮內。一九一〇年日韓合併後，韓國皇帝、太上皇和皇太子被授予日本皇族的身分，高宗的封號降為「德壽宮李太王」。

一九〇七年八月一日，大韓帝國在漢城舉行解散朝鮮軍隊的儀式，致使其中一部分愛國軍人向抗日義兵隊伍合流，加強義兵部隊的戰鬥力，義兵運動迅速擴展。各地義兵襲擊日本統治機關及憲兵駐地，殺死日軍和親日分子。與此同時，朝鮮各地的農民和工人也紛紛暴動或罷工與義兵互相聲援、呼應。一九〇九年九月，義兵運動達到最高峰，但日軍隨後展開為期兩個月的「大討伐作戰」，致使義兵部隊遭受重創，各地義兵行動漸被弭平。

一九〇九年日韓又簽定第三次日韓協約，取得韓國內政權並解散韓國軍隊。至此，在日本有計畫地強力運作下，阻止日本併吞朝鮮的障礙已完全被清除。

一九〇九年七月日本內閣會議決定合併韓國的方針，當年十月二十六日，曾擔任四屆日本內閣總理及首任朝鮮「統監」的伊藤博文，在哈爾濱被韓國愛國主義者安重根暗殺之後，主張立刻合併韓國的一派成為日本對朝鮮政策的主流。朝鮮也在日本扶持下出現親日的組織「一進會」，亦積極主張日韓合邦。一九一〇年八月二十二日日本與大韓帝國內閣總理大臣李完用簽訂《日韓合併條約》，大韓帝國滅亡，朝鮮正式被日本吞併。日本的統監府改制為總督府，成為統治朝鮮半島的最高機關，開始長達三十五年的殖民統治。日韓合併後，朝鮮半島的稱呼被改回「朝鮮」。

自日本在朝鮮建立殖民統治後，日本當局採取高壓統治政策，朝鮮人民抵抗運動不斷。一九一九年三月一日爆發大規模的「三一運動」，獨立浪潮席捲整個朝鮮半島，有二百萬以上群眾參加了數百起反日示威和武裝起義，也增強了朝鮮民族的凝聚力。由於三一運動的衝擊，日本在政治、經濟、文化方面都對朝鮮作出讓步，被迫改為懷柔政策。日本殖民者將朝鮮半島納入其經濟計畫體系，在學校、鐵路以及基礎設施上大量投資，使朝鮮實現工業化。然而由於工業化目的為服務日本本土，因此日本殖民者在工業化進程中大量剝削朝鮮半島人民。

三一運動爆發之後，李承晚及金九等獨立運動領導者流亡中國，在上海建立「大韓民國臨時政府」。一九三七年日本發動侵華戰爭，韓國臨時政府也隨中國政府逐步遷至重慶。一九四〇年韓國臨時政府在重慶組建「韓國光復軍」，雖兵力與戰功有限，但二戰結束後主要分子回到朝鮮故國成為南北兩韓的領導階層。

一九三七年起，由於中日戰爭曠日持久以及一九四一年末太平洋戰爭爆發，日本開始在朝鮮徵召士兵及軍屬投入戰場，中國戰區及太平洋戰區都有朝鮮士兵或勞工為日軍效力。最明顯的例子就是一九四二年六月，有二千二百名朝鮮勞工被派至日軍勢力最東南端的瓜達康納爾島，興建一座具有戰略價值的機場，而引發了美軍與日軍在中途島戰役後的首場陸上戰役（請參考作者另一著作《我在索羅門群島》）。

◆ ◆ ◆

二次大戰於一九四五年八月十五日日本向盟軍投降而結束，美國與蘇聯以北緯三十八度線為界分別占領朝鮮半島南部與北部，並於一九四八年分別建立大韓民國和朝鮮民主主義人民共和國。日本與朝鮮半島的關係愈趨複雜。

在北韓方面，朝鮮民主主義人民共和國於一九四八年九月成立後，其共產政權一直未為日本所承認。一九五〇年六月二十五日韓戰爆發，日本成為美軍及聯合國軍進軍朝鮮半島的跳板及後勤補給基地，經濟因此迅速復甦。一九七七年起十餘年間北韓綁架了十七名日本國民。一九九八年北韓發射彈道飛彈飛越日本上空，落在太平洋上，引起日本極大震撼。之後又持續試射飛彈及二〇〇六年起六次核子試爆，兩國關係持續交惡。因此至今雙方都沒有建立外交關係。北韓也是唯一未與日本建交的聯合國成員國，位在東京的「在日本朝鮮人總聯合會」則作為北韓實質大使館的功能，處理北韓與日本雙邊往來事務。兩國在歷史問題上長期對立，北韓當局更長期以來不斷在教育及社會各層面醜化日本形象、製造反日情緒。日本民間對北韓大多沒有好感。

在南韓方面，一九四八年八月十五日在選舉結果的基礎上，大韓民國成立。一九五〇年六月二十五日北韓大軍南侵，韓戰爆發。一九五一年十月，日本與南韓雙方在美國的調解下，開始了邦交正常化的預備性會談。但由於雙方對日占時期歷史問題分歧過大，日韓雙方在經歷了十三年又八個月的談判後，才於一九六五年六月二十二日最終簽署《韓日基本關係條約》，建立外交關係。日本承認大韓民國政府為朝鮮半島唯一合法政府。但是《舊金山和約》中沒有明確敘明獨島（日本稱竹島）的主權歸屬，此後日韓兩國對獨島的主權問題爭論不休，也成為雙方關係最大的障礙。

韓日建交後，雙邊貿易迅猛發展，雙方互為重要貿易夥伴。但是日本對朝鮮的侵略與統治，使韓國人民對日本有深痛的仇恨。除了獨島問題外，還有慰安婦、強制勞動賠償、貿易糾紛等諸多問題不時會冒出而影響兩國關係。

首爾市區內的德壽宮大漢門。對外開放，買張門票就可進入參觀。（作者攝）

德壽宮內中和殿。（作者攝）

三一獨立運動紀念碑。在韓國許多地方都可以看到類似紀念碑。（作者攝）

慶尚南道高靈郡三一獨立宣言書塔。（作者攝）

第九章

美國蘇聯分占南北 朝鮮半島分裂

日本投降後，朝鮮半島依照美、蘇先前協議以北緯三十八度線為界，分別由美國控制南部，蘇聯則控制北部。

第一次世界大戰及第二次世界大戰，全世界幾乎都捲入戰火，但是朝鮮半島在日本的占領下反而未受戰爭波及。二戰高峰期間，一九四三年十一月二十二日至二十六日，盟國領導人美國總統羅斯福、英國首相邱吉爾及中華民國國民政府主席蔣中正在埃及開羅舉行會議，會後公布《開羅宣言》，要求日本無條件投降，歸還一切侵占的土地，塑造戰後東亞的新局勢。《開羅宣言》指出「日本帝國於九一八後自中華民國侵占的領土（包括旅順大連）、臺灣及澎湖群島，應歸還中華民國」；朝鮮「於戰後得重建自由獨立」，「以適當方式成為自由和獨立的國家」。開羅會議之後，羅斯福與邱吉爾轉赴德黑蘭與蘇聯領導人史達林於十一月二十八日至十二月一日舉行會議。史達林同意在納粹德國戰敗後，蘇聯將加入對日本作戰。

一九四五年二戰接近尾聲，盟軍在歐洲戰場及太平洋戰場均有明顯進展，二月四日至十一日，羅斯福、邱吉爾及史達林在蘇聯南部克里米亞之雅爾達舉行高峰會議，制定了第二次世界大戰之後的世界新秩序和列強利益分配方針，對二戰結束後的世界局勢產生了深遠的影響。其中對東亞方面，當時蘇聯與日本尚處於中立狀態（日蘇於一九四一年簽訂中立協定），美軍則為攻占硫磺島而損失慘重，且預期未來攻打沖繩及日本本土將會付出巨大死傷的代價。所以羅斯福遊說蘇聯終止與日本的中立協定而對日宣戰，並且支持盟國在太平洋作戰，因此提供諸多有利的條件予蘇聯。史達林則承諾蘇聯會在德國投降九十日後向日本宣戰。

日本當時幾乎已失去所有太平洋諸島（少數島嶼因美軍跳島戰略而未遭美占領），盟軍步步進逼，本土遭受激烈的轟炸，所以冀望尚對日本保持中立的蘇聯可從中調停，以維持日本在東亞的利益。蘇聯表面上與日本「友好」，但實際上已祕密備戰。蘇聯在對德戰爭結束前即開始轉調軍隊至遠東地區，其主要對手為駐於滿洲七十萬日本關東軍。實際上，與蘇軍相比，日本早將關東軍精銳部隊調出而實力大減。

廣島於一九四五年八月六日遭到原子彈攻擊後兩日，八月八日蘇聯對日宣戰，動員一百五十萬大軍發動「八月風暴行動」（Operation August Storm），迅速向日本占領的滿洲國、朝鮮以及南庫頁島和北方群島展開凌厲攻勢。八月九日美國繼續以原子彈轟炸長崎。至八月十五日，蘇軍已攻入滿洲國及朝鮮半島北部。

日本天皇於八月十五日宣布接受《波茲坦宣言》無條件投降。九月二日，日本於停泊在東京灣的美國主力艦密蘇里號上簽署無條件投降書，第二次世界大戰正式宣告結束。

日本投降後，朝鮮半島依照美蘇先前協議以北緯三十八度線（簡稱三八線）為界，由美國控制南部，蘇聯則控制北部。分別在朝鮮半島南部成立美國軍政廳，北部成立蘇聯民政廳。美蘇兩國在之後的莫斯科外交部長會議上決定五年後將朝鮮半島交由聯合國託管，但遭到了朝鮮半島人民的強烈反對。

日本投降後，日本朝鮮總督府及各地政府權力真空。南韓百廢待舉，而接收的美軍缺乏明確的統治計畫，各種政治團體（前日本合作者、親蘇共者、反蘇共者、右翼團體、南韓民族主義者等）爭權奪利，各地示威與暗殺事件層出不窮，北方難民大量湧入，日本軍民撤離等等，使得南方十分混亂，成為美軍的一個燙手山芋。

一九四六年二月，北方的臨時政府（臨時人民委員會）在金日成領導下成立，其成員曾長期與蘇軍一起訓練。由於不同政見者為獲得政府權力，平壤發生了諸多衝突和權力鬥爭。一九四六年三月，臨時政府頒布一項全面的土地改革計畫：將原屬日本人及其合作者的土地重新劃分給貧農。許多前與日合作者、地主和基督徒於是脫離北方（脫北），越過三八線往南方尋求更好的生活或權位，此類脫北者估計有四十萬人。當時的三八線是一條看不見的線，人民往來還算自由，可以用腳投票選擇自己喜歡的國度。韓戰之後則南北之間設立非軍事區，從東到西都是軍人看守，布滿鐵絲網、地雷、機關槍等致命的障礙。

美國將朝鮮半島問題提交到聯合國，聯合國據此提出朝鮮半島舉行大選，並計畫在此基礎上成立統一獨立的政府。朝鮮半島北方拒絕了聯合國的此一提議，因此大選於一九四八年五月十日僅在南方進行。根據大選結果，南方成立了國民大會，並於七月十七日頒布了憲法。八月十五日，以民主和資本主義為執政原則和政治理念的大韓民國（Republic of Korea; ROK）正式成立，曾經擔任大韓民國臨時政府總統及在美國推動獨立運動的李承晚出任大韓民國首任總統。同年八月二十五日，朝鮮半島北方也進行了自主決定的選舉，並於九月八日頒布憲法。九月九日，以金日成為領袖的共產主義意識形態的朝鮮民主主義人民共和國（Democratic People’s Republic of

Korea; DPRK）在蘇聯的支持下正式成立。曾經長期對日進行武裝抗爭且受蘇聯及中國共產黨支持的金日成，出任朝鮮勞動黨的委員長和北韓內閣首相，成為北韓最高領導人。

朝鮮半島北南兩個政權分屬冷戰東西陣營。南韓政府認為南方的選舉是在聯合國監督下的民主選舉，因此南韓政府是朝鮮半島的唯一合法政府。而北韓政府則認為北方的選舉是所有黨派都參加的選舉，代表了全體北韓人民的意見。兩個政權都宣稱自己是朝鮮半島的唯一合法政權，拒絕承認對方的合法性。西元七世紀新羅消滅百濟及高句麗統一朝鮮半島之後稱統一新羅，除末期有短暫的分裂稱後三國之外，歷經高麗王朝、朝鮮王朝、大韓帝國及日本併吞至二戰結束，一直保持著國家統一的局面達一千餘年。至此，朝鮮半島再度分裂。

朝鮮半島南北分治後，雙方各自組建軍隊。北方自一九四六年起在蘇聯幫助下建立軍力，一九四八年二月北方正式宣告「朝鮮人民軍」建立，並在平壤舉行第一次閱兵。北韓人民軍有幾千名經蘇聯培訓的軍官及蘇聯提供的現代化武器裝備，每個師約配有十五名蘇軍顧問。從一九四九年七月至一九五〇年，在中國解放軍服役的朝鮮族部隊近五萬人先後返回北韓加入人民軍，這些有作戰經驗的部隊成為朝鮮人民軍的主力。到一九五〇年六月戰爭爆發前，北韓的總兵力擴充到十個師、一個戰車旅、一個摩托車團、一個砲兵團和一個高砲團，共約十七萬五千人。

南方則將自己的軍隊稱作「大韓民國國軍」（韓國軍），其由美軍政時期的南朝鮮國防警備隊和海岸警備隊合併而成，共八個師。南韓國軍中配有五百名美軍顧問。由於李承晚聲稱要北上統一朝鮮半島，美國嚴格限制對南韓的援助種類，僅裝備輕型武器，沒有飛機和戰車等重型裝備。美國希望南韓國軍能夠抵禦北方的攻擊，但限制其主動對北攻擊的裝備能力。南韓國軍受舊日軍影響較大，核心將領除個別來自滿洲國軍以外，主要畢業於日本陸軍士官學校，大部分士官曾在日軍中當兵，士兵除了曾在日軍中服役的以外，還有原日治時期的警察。

南北韓政府分別成立後，雙方都意圖以武力達到南北統一。在各自組建軍隊且日漸擴增後，雙方在三八線上發生的大小武裝衝突層出不窮。北韓也積極滲透南韓政府及軍隊，標榜反共的李承晚政府對左翼分子發動多次軍事行動，有數萬人被殺，其中傷亡最多的是一九四八年的濟州四三事件（見下章）。

一九四八年九月北韓政府成立後，蘇聯從朝鮮半島撤軍。一九四九年五月，美國也從朝鮮半島撤軍，只留下軍事顧問團，使半島南北軍事平衡狀況發生重大變化，成為戰爭的誘因。

南方與北方都堅持唯一合法的政權，宣稱要統一朝鮮半島，軍力都迅速膨脹，雙方不停互相叫囂，劍拔弩張，戰爭看起來已是不可避免。

第十章

濟州四三事件

濟州四三事件可以說是韓國近代以來最嚴重的集體屠殺事件。這段悲慘的事件結束後的數十年都還是韓國政府的禁忌，有超過半世紀之久只能深藏於心。

濟州島位於朝鮮半島西南，分隔黃海與東海，距木浦一四六公里、釜山二七二公里，面積一八四七平方公里，島上的漢拏峰是一座休火山，海拔一九四七公尺，是南韓最高峰。濟州島位於北溫帶，氣候溫和、土壤肥沃、物產豐饒、風景美麗，可以說是一塊人間樂土。

日本在太平洋戰爭末期在濟州島上駐屯了六萬日軍以防止美軍登陸。一九四五年八月二次世界大戰結束，日本投降，日軍從濟州島上撤退，也有約六萬名濟州島民自朝鮮各地返鄉，造成人口急遽變動。光復初期的各項期待未能立即實現、回歸人口就業困難、生活必需品短缺、霍亂導致數百人死亡、農作嚴重歉收、軍政官吏及警察紀律腐敗等等，交叉形成許多嚴重的問題，濟州島上人心浮動、秩序混亂，社會動盪不安。在如此的氛圍下，於一九四七年三月一日發生警察對示威群眾開火，造成六人死亡、八人重傷，犧牲者大多是圍觀的一般居民。此事件讓民心思變，也成為引爆四三事件的導火線。這時，左傾的「南朝鮮勞動黨」（簡稱南勞黨）濟州島黨部展開有組織的「反警察」運動。為了抗議警察開火，三月十日展開了韓國前所未見的官民聯合大罷工，包括公家機關、民間企業等大批民眾參與。

警察槍殺遊行島民事件後，陸續有二千五百人被逮捕（全島的一%人口）。一九四八年四月三日有三名島民被警方刑訊逼供致死，南勞黨因此發動起事，三百五十名武裝隊攻擊了十二處警察分局及本土前來增援的右翼團體「西北青年會」，稱為四三事件。這些武裝分子高喊口號，要求警察與「西北青年會」停止鎮壓，反對單選、單政，要求建立民主統一政府等。起初，美國軍政當局視為「治安事態」，只增派警力與西北青年團去阻止事態擴大。但是事態未見緩和，駐韓美軍司令部與軍政廳於是下令警備隊出動，展開鎮壓作戰，南勞黨眾及支持者逃入漢拏山區與圍捕的軍警進行游擊戰。其中南韓陸軍第二師第二團在漢拏山區縱火燒毀大部分的村莊，屠殺大量村民。

一九四八年八月十五日三十八度線以南建立了「大韓民國」，接著九月九日北邊也在蘇聯的支持下建立了「朝鮮民主主義人民共和國」，朝鮮半島南北正式分治。濟州因並非朝鮮半島本土，導致濟州事態跳脫單純的地方問題，而成為對政權正統性的挑戰。李承晚政府在十月十一日設置濟州島警備司令部，下令增派本土的南韓正規兵力到濟州，但被指派到濟州增援的第十四團在南勞黨地下成員的煽動下，於駐地羅南道麗水及順天叛變（見下章）。

一九四八年十一月十七日李承晚政府宣布濟州戒嚴。在此之前，負責圍剿漢拏山的第九團發出布告稱，在距離海岸線五公里的山區地帶通行的人，將被視為暴力分子予以格殺，並開始對山區村落大肆展開「焦土化」的強力鎮壓作戰。

戒嚴令宣布之後，許多山區村落的居民遇害，住在海岸邊村落的零散居民也以提供武裝隊協助的理由而被處死。為了保命而逃入山中的難民大量增加，他們在寒冬躲進漢拏山中，被抓到的人不是遭射殺就是送到監獄。鎮壓軍警甚至將家中有人不在者列為「逃避者家屬」，而對他們的父母與兄弟姊妹施以「代殺」的殘忍替代手法。到了十二月底，鎮壓部隊由第九團改為第二團接替，繼續執行強勢鎮壓作戰，在沒有經過審判程序的情況下，許多居民即遭屠殺，並造成受害人數最多的「北村事件」。

一九四九年三月，南韓政府設置了濟州島地區戰鬥司令部，展開了鎮壓與安撫並行的作戰。新任司令官劉載興發表赦免政策，躲避到漢拏山的人如果投誠，就可以得到寬恕。於是，陸續有許多居民下山。一九四九年五月十日的重新選舉，也就成功地舉行。六月，打游擊的武裝隊領袖李德九遭射殺之後，武裝隊已經形同潰散，殘餘分子儘管偶有攻勢，但力量已經衰微。在全國的監獄中被拘禁的四三事件關聯者，則多遭立即處決。據估計，在第一波拘留與監獄中犧牲者達三千多人，受害者的屍體大部分都無法找到。

一九五四年九月二十一日漢拏山從禁地改成全面開放，從一九四七年三月一日的開火事件引發一九四八年四三武裝起義，濟州四三事件歷經七年七個月終於落幕。

隔了約五十年後，韓國政府於二〇〇三年十月十五日發布《濟州四・三事件真相調查報告書》，承認截至一九五四年九月二十一日解除戒嚴，共有三萬餘名無辜人員犧牲，占島民人口十%以上，其中八十六%由政府所殺，十四%由武裝平民所殺。而濟州島民則認為可能有多至七萬人遇害。另一方面，該事件也導致近四千多名的濟州島民逃往日本避難，其後裔多散居在日本的關西地區。

濟州四三事件可以說是韓國近代以來最嚴重的集體屠殺事件。這段悲慘的事件結束後的數十年都還是韓國政府的禁忌，有超過半世紀之久只能深藏於心。在歷經漫長的民主過程之後，從一九八九年起，南韓民間於每年四月三日開始舉辦慰靈祭追悼活動，後隨著政治氛圍轉變，逐漸改由官方舉辦。二〇〇〇年南韓制定特別法，設置「真相調查委員會」及恢復受害人名譽的機制，也建立相當規模的和平公園及紀念館。

二〇〇三年十月三十一日盧武鉉總統正式代表政府首度向濟州四三事件受難者暨家屬道歉。二〇〇六年總統盧武鉉首度參加慰靈祭，但隨後的總統李明博、朴槿惠則未出席此項活動。作者於二〇〇八年四月自釜山前往濟州，偕同中華民國代表團出席由當時總理韓昇洙主持的濟州四三事件六十週年紀念儀式。之後，二〇一八年文在寅總統親自出席濟州四三事件七十週年紀念，並代表國家道歉。二〇二〇年文在寅總統再度出席此一儀式。

作者應邀參加 2008 年 4 月 3 日濟州四三事件 60 週年紀念，儀式由總理韓昇洙主持。儀式中的表演哀戚肅穆。（作者攝）

漢拏山海拔 1947 公尺是南韓最高山。四三事件期間叛軍及許多平民藏匿在山區以逃避政府軍的搜捕。（作者攝）

濟州島正房瀑布。據傳 2000 餘年前秦始皇派臣子徐福乘船出海前往「蓬萊仙島」以尋找長生不老之藥，抵達濟州島之後被正房瀑布所吸引，而在旁銘刻「徐福過之」四字。（作者攝）

一群濟州島海女正出發開始一天的工作。濟州海女都是祖母級的婦女，她們的後輩都不願承接這份既辛苦又危險的工作。（作者攝）

2012 年 3 月前副總統呂秀蓮（中）率團訪問濟州島，作者陪同一路講解導覽。（作者提供）

第十一章

麗水順天叛亂事件

叛亂部隊第十四團及第四團的「四」字番號被認為不吉利，從此韓國軍隊無「四」字番號的部隊。

一九四八年四月發生濟州四三事件之後，同年十月十九日在南韓全羅南道麗水郡（今麗水市）發生南韓政府軍叛亂，波及鄰近的全羅南道的順天、光陽、寶城、求禮等郡，甚至慶尚北道的盈德郡、京畿道的金浦郡（今金浦市）等地，民間約有八千多無辜民眾被認定為叛亂同黨而遭殺害。南韓政府稱其為「麗順十四團叛亂事件」、「麗順叛亂」等。

當年十月十九日，駐紮全羅南道麗水郡的韓國國防警備隊第十四團（團長朴勝薰）接到前往濟州島鎮壓濟州島四三事件的命令，但在大韓民國建國初期就滲透到南韓軍隊內部的南朝鮮勞動黨（南勞黨）地下黨成員的煽動下，第十四團的左翼軍人拒絕此一任務而發動叛亂。十月二十日，叛軍掌握麗水全邑，並與駐守順天郡的第十四團兩個連合流。當天下午，順天就被叛軍占領。光州第四團的一個連被緊急派往鎮壓，但指揮官被擊斃，所部也加入叛軍。十月二十一日叛軍已控制麗水、順天、寶城、光陽等郡全境。形成了大韓民國（南韓）成立以來最嚴重的叛變事件。

甫當選大統領（總統）才幾個月的李承晚立即派遣國防警備隊（南韓陸軍前身）總司令宋虎聲准將在光州設立「討伐叛軍司令部」，指揮鎮壓。十月二十一日，南韓政府在麗水、順天地區發布戒嚴令，派出十個營的部隊進行包圍與攻擊。叛軍向光陽、谷城、寶城、求禮等周邊地區展開攻勢。二十四日，向麗水追擊的政府部隊遭到叛軍埋伏，陣亡二百七十餘人，指揮官受重傷。

十月二十五日，政府軍全面進攻麗水，市區內有二百名叛軍士兵和一千餘名學生、市民進行抵抗。經過連續兩天巷戰之後，至十月二十七日凌晨，有一千餘名叛亂者被殺。政府軍隨即在市區內各處進行大規模搜查，數千人被以叛亂共謀者罪名殺害，其中大部分為無辜民眾。有許多此一地區的民眾倉皇搭船逃往日本，現今旅居日本的韓國人中，有許多是當年此批難民的後代。

麗水被政府軍攻占後，叛軍的主力轉進到北邊的智異山區，憑藉智異山區複雜的地形展開游擊戰，繼續對政府軍的掃蕩進行頑強抵抗。一九五〇年六月二十五日北韓軍突然越過北緯三十八度線，韓戰爆發，三日後攻陷南韓首都漢城，北韓軍迅速向南進攻，八月南韓軍與美軍撤退至朝鮮半島東南端的釜山大邱防禦圈。北韓部隊曾占領麗水順天一帶，與盤據在智異山區打游擊的叛軍會師。北韓稱這批在朝鮮半島南部山區進行游擊戰的部隊為「南部軍」。九月十五日麥克阿瑟率領的聯合國軍在仁川登陸，滯留在朝鮮半島南部的北韓部隊有無法北返之虞，於是匆忙撤退，離開前曾留下若干武器彈藥給智異山叛軍，也有些掉隊的北韓士兵隨後加入叛軍。在智異山區打游擊的南部軍不僅彈藥日漸耗盡，而且缺乏食物及醫療，還必須忍受飢寒交迫及南韓政府軍追擊的艱苦日子。一九五〇年冬季起陸續有游擊隊員向南韓軍投降，但約有一千餘名死硬派負隅頑抗。雖然韓戰交戰各方於一九五三年七月二十七日簽署停戰協定，但是智異山的叛亂直至一九五七年才完全結束。

李承晚總統經過麗水順天叛亂事件後，瞭解南韓軍隊已被南勞黨滲透，隨即進行大規模的整肅，左派的南勞黨員、光復軍出身人士等約四千七百多名南韓軍人遭到開除等處分。後來於一九六二年至一九七九年間擔任南韓大統領的朴正熙也在此時被逮捕，遭判無期徒刑（詳見第二十一章）。叛亂部隊第十四團及第四團的「四」字番號被認為不吉利，從此韓國軍隊無「四」字番號的部隊。

麗水順天叛亂事件發生後，如同濟州島一樣，該地區的居民被強制保持緘默。事件詳情是在一九九〇年代民主化之後才逐漸為外界所知。

◆ ◆ ◆

麗水、順天位於朝鮮半島南海岸中段，海岸線曲折多彎，風光旖旎，原本就是著名的觀光勝地。一九八〇年代之後，兩郡工商發展迅速，先後升格為市。作者於二〇〇八年一月前往麗水訪問，拜會當時的市長，當時麗水市才剛於一個多月前取得二〇一二年世界博覽會的主辦權，全市處於興奮熱鬧的狀態。二〇一二年，麗水市果然風風光光順利舉辦世界博覽會。

順天市南臨順天灣，是一個擁有美麗自然風光的城市；順天灣物種豐富，每年都吸引數十萬遊客，是韓國最著名的溼地。順天市在二〇一〇年獲得了聯合國認證為宜居城市銀獎。

位於順天市以東的光陽市，在叛亂期間也曾遭波及。韓戰結束，南韓經濟起飛後，光陽灣圈經濟自由區內製造業發達，有大量化工、鋼鐵與金屬企業在此設廠，總生產規模約為一千一百億美元。光陽港成長迅速，成為韓國僅次於釜山港的第二大港。順天市以西也曾遭叛軍占據的寶城郡地形多丘陵，盛產綠茶，有韓國「茶都」美名。

◆ ◆ ◆

麗水順天叛變事件叛軍盤據將近十年的智異山，跨越南韓全羅南道求禮郡、全羅北道南原市及慶尚南道河東郡、山清郡及咸陽郡，總面積四七二平方公里，一九六七年被指定為國家公園，是南韓第一個國立公園。智異山的主峰天王峰海拔一九一五公尺，是南韓僅次於濟州島漢拏山的第二高峰，作者於二〇〇九年十一月與幾位韓國朋友同去攀登這座韓國本土最高峰。

智異山面積寬廣，有許多登山路徑，作者也曾陸續履踏其中數條熱門的路線。位於求禮郡之皮亞谷（Piagol）介於老姑壇與般若峰之間，楓樹茂密，秋天的紅楓被列為智異山十景，名聞遐邇。麗水順天叛變事件爆發之後，約有兩千餘名叛軍轉進智異山區打游擊與政府對抗，智異山茂密的樹林和險峻的山崖，尤其是皮亞谷一帶，就成了叛軍的最佳藏身之處。一九四八年起南韓軍隊屢次前來圍剿掃蕩，在皮亞谷發生無數次交鋒，雙方傷亡慘重。韓語「血」發Pi音，因此該溪谷就被稱為皮亞谷。躲藏在智異山區的游擊隊直到一九五七年才被完全剿平。

麗水順天叛亂及智異山游擊隊事件在南韓一直是個禁忌，全斗煥下臺後南韓逐漸民主化，一九九〇年知名導演鄭智泳執導的《南部軍》（남부군／*North Korean Partisan in South Korea*），

以及一九九四年另一知名導演林權澤所拍的電影《太白山脈》（태백산맥／*Taebek Sanmaek*），對智異山游擊隊的艱苦歲月皆有深刻的描寫。

二〇二一年十月，韓國tvN播出一齣名為《智異山》（지리산）的連續劇，講述智異山國家公園的守林員（由朱智勛所飾演），發現自己能夠看見遇到山難而離世的鬼魂們，因此與前輩（知名女星全智賢所飾演）共同解開這些未知故事的過程。實際上，智異山不到兩千公尺，登山客發生山難的事情並不多見，倒是叛軍與政府軍對抗期間，雙方死者的鬼魂可能還比較容易撞見。

2008年1月作者時任駐釜山總領事，拜會麗水市長，祝賀該市取得2012年世界博覽會主辦權。（作者提供）

2012 年麗水世界博覽會主展館。（作者攝）

寶城茶園馳名全韓。（作者攝）

智異山天王峰海拔 1915 公尺，是南韓本土最高峰。（作者攝）

作者與韓國友人攀登智異山天王峰。（作者提供）

第十二章

北韓南侵　韓戰爆發
朝鮮半島再度成為戰場

靈山是進入釜山的重要門戶，倘當時北韓軍成功攻占靈山進而攻打釜山，韓戰甚至朝鮮半島的歷史可能會改寫。

二次大戰結束後，原先共同對抗軸心國的美國及蘇聯成為世界上的兩個超級大國，但兩國各有不同的經濟和政治體制，美國及英、法等國為資本主義陣營，而蘇聯及其他東歐國家則為社會主義陣營，兩方也因而展開了數十年的對立。冷戰的名稱來自於雙方從未正式交戰的特點，因為在冷戰期間，美蘇雙方所持有的大量核子武器，為兩國帶來相互保證毀滅的能力，稱之為「恐怖平衡」（balance of terror）。

在冷戰初期的緊張國際形勢背景下，分立的南韓與北韓都企圖以武力統一朝鮮半島，沿三十八度線兩邊各自駐紮軍隊；自一九四七年起雙方頻繁發生小規模武裝衝突。北韓在蘇聯積極協助下擴張軍力，而當時南韓國軍不但裝備薄弱，又約二分之一尚未進入戰備狀態，也缺乏對全面戰爭的準備。至一九五〇年六月，北韓和南韓方面的軍事力量對比為：兵力二比一，火砲二比一，機槍七比一，戰車六比一，飛機六比一，朝鮮人民軍方面占絕對優勢。

一九五〇年六月二十五日凌晨四點，朝鮮人民軍突然以反擊侵略為由越過三八線大舉進攻南韓，韓戰正式爆發。北韓人民軍以裝備精良的蘇式武器與優勢的兵力，三日內即攻陷南韓首都漢城，並大肆屠殺。其中漢城大學附屬醫院的醫師護士及住院傷患遭到北韓軍集體虐殺，共約八百人遇害。

六月二十七日上午，李承晚與政府要員乘專車逃出漢城。同日上午十一時，南韓軍方決定棄守漢城，並準備炸毀漢江大橋（人道橋）以減緩北韓人民軍入侵速度。南韓陸軍工兵隊開始在漢江大橋放置了三千六百磅TNT炸藥。次（二十八）日凌晨二時三十分，南韓軍在未加以公開警告情況下點燃炸藥，漢江大橋轟然斷裂倒塌。大橋被炸毀時橋上仍有約四千名難民，其中約有數百人在此事件中死亡（混亂中難以精確估計），此一慘難被稱之為「漢江大橋爆破事件」。而漢江大橋遭爆破當時，南韓陸軍主力部隊的四個步兵師等部隊仍在漢江以北，爆破之前南韓陸軍的九萬八千名兵力中僅二萬餘人已渡過漢江。

六月二十八日，美軍作戰飛機進入朝鮮半島投入戰鬥。六月二十九日，杜魯門授權部隊對三十八度線以北地區進行海空打擊。六月三十日，杜魯門總統命令美國陸軍參戰。七月一日由駐日本九州的美軍的兩個連組成的一支特遣隊經空運抵達釜山的機場，這是韓戰爆發後首支美軍地面部隊進入朝鮮半島。七月二日起，美軍部隊陸續在釜山登陸。

戰爭爆發後，美國將朝鮮問題提交聯合國，蘇聯則拒絕在安理會參加美國起草的朝鮮問題議案討論。聯合國安理會在常任理事國蘇聯缺席的情況下，相繼通過第八十二號及第八十三號決議，聲明此舉為「北朝鮮部隊」對大韓民國的武裝侵略，並敦促其立即停火，要求北韓軍隊撤回三十八度線以北。七月七日，聯合國安理會通過第八十四號決議，由聯合國成員國的十六個國家（美國、英國、加拿大、澳洲、紐西蘭、荷蘭、法國、土耳其、泰國、菲律賓、希臘、比利時、哥倫比亞、衣索比亞、南非、盧森堡）派軍和五個國家的醫療力量組成的「聯合國軍」參與韓戰，對大韓民國提供軍事和醫療協助。其中美國提供逾八成的戰鬥人員，占主導地位。聯合國軍受美國統一指揮，行動向安理會報告，而非聽命於聯合國祕書長。

南韓在首都漢城失守後不斷後撤，大批難民如浪潮般逃向南方。南韓政府先將首都往南遷至大田，沒想到北韓軍攻勢凌厲，沒幾天就被迫匆匆遷至更遠的慶尚道大邱市。八月初北韓軍步步進逼，大邱市郊區開始遭受北韓軍砲擊岌岌可危，南韓又將臨時首都遷至朝鮮半島東南端的釜山市。大田戰役後，北韓人民軍繼續朝南方進攻，計畫同時從北邊與西邊夾擊釜山，將集結在該處之聯合國軍完全殲滅；而聯合國軍則在沃爾頓．華克（Walton Harris Walker）將軍指揮下，自八月開始以大邱為核心防禦釜山，在釜山北方以浦項至大邱為北側防線端點、西側則沿洛東江防禦整個洛東江三角洲下游區域，整條為完整連接的橢圓形防線，成為聯軍的最後防線，稱為釜山環形防禦圈（Pusan perimeter）。

戰爭爆發之後，北韓人民軍勢如破竹，一路連破漢城、大田，至八月初已占領除釜山防禦圈以外的南韓全境。但是北韓軍並非沒有付出代價。戰爭爆發前北韓軍力約十八萬人，約有十萬人南侵，至八月初時已有約一半的傷亡。為了補充兵力，北韓人民軍一路抓伕，光在漢城就強徵了一萬六千名學生作為「義勇軍」使用，部隊素質大幅下降。而且北韓軍前進速度太快，占地太廣，運輸線過度延伸，造成補給極為困難。所以北韓軍八月初雖然把美國與韓國聯軍驅趕至釜山防禦圈內，實際上本身已成為強弩之末。而美韓聯軍撤退至釜山防禦圈內，以洛東江為天然屏障，把洛東江以西的部隊（除洛東江三角洲突出部以外）全部召入防禦圈內，火力集中，敵我識別分明。而且美軍增援部隊包括戰車及長程火砲源源不斷自釜山、浦項登陸，實力大增陣腳站穩。另外美國在釜山機場及鄰近海域航空母艦的飛機也已取得半島南部的制空權。所以北韓要突破釜山防禦圈進而攫取釜山的機會實在不大，但是北韓領導人消滅南韓的心意已決，所以還是一鼓作氣發動進攻。

八月五日北韓人民軍第四師在慶尚道陜川郡渡過洛東江進攻昌寧郡的靈山面，遭到美軍第二、二十四步兵師及海軍陸戰隊第五團的激烈抵抗，戰事持續至八月十八日北韓軍敗退。八月三十一日北韓軍重整旗鼓再度越江，與堅守靈山的美軍再度遭遇。經過數天的鏖戰後，九月五日北韓軍死傷慘重，再度無功而退，聯合國軍（當時仍以美軍及南韓軍為主）則打出韓戰爆發以來最漂亮的一場戰役。靈山是進入釜山的重要門戶，倘當時北韓軍成功攻占靈山進而攻打釜山，韓戰甚至朝鮮半島的歷史可能會改寫。靈山兩次戰役的同時，攻守雙方在環形防禦圈北側浦項、盈德、慶州和大邱一帶，以及南海岸的馬山也發生激烈的交戰，北韓軍都未能有所突破。

◆　◆　◆

七月七日，聯合國安理會通過關於組織統一司令部之決議，美國駐遠東部隊總司令麥克阿瑟被美國總統任命為「聯合國軍總司令」。前述洛東江戰役正進行時，麥克阿瑟就在思考籌畫對北韓侵略的反擊。美國參謀長聯席會議（Joint Chiefs of Staff）的將軍們及他屬下許多將領都主張在南韓全羅道西海岸的群山（即七世紀唐朝遠征軍大敗日兵之處）登陸，然後再向北推進；實際上北韓也認為美軍最有可能自群山登陸而加強在該地的部署與防禦。

麥克阿瑟認為不宜自朝鮮半島南部向北進行緩慢且代價高昂的推進，因此計畫於北韓軍後方的仁川實施兩棲登陸，藉此截斷北韓軍主要補給線、收復南韓首都漢城、形成對北韓軍南北夾擊的態勢，一舉將戰局扭轉。然而由於仁川一地作為登陸目標有許多不利之處，如潮汐漲落過大、水流速過快、航道狹窄彎曲、達到目標潮水高度的天數有限、市區地形有利於守軍、港外的月尾島為行動一大障礙和對當地敵軍情報不足等等，這使得麥克阿瑟受到絕大多數高級將領反對。麥克阿瑟以他的睿智、決心及豐富的經驗力排眾議，決定就在仁川登陸。

九月十五日，在密集的海空轟炸配合下，美軍七萬餘人在仁川登陸，二百餘艘各型船艦也陸續入港，卸下大量人員、車輛及補給。美軍在二次大戰期間已經累積了豐富的登陸作戰經驗，而且他們又重演一九四四年六月六日（D-day）唬弄德軍登陸地點而成功登陸諾曼第的故技。北韓人民軍未料到美軍會在仁川登陸，結果僅能抽掉少量部隊趕往仁川支援駐守當地的一千名兵力。

仁川登陸次日九月十六日，釜山防禦圈內的美軍第一騎兵師和第二步兵師配合發起反攻，十八日渡過洛東江，突破了人民軍的防線。曾經風光一時的北韓人民軍部隊則開始混亂地向北撤退。二十六日，第一騎兵師的一支特遣隊以坦克連為先導，創下在一天內疾馳一〇六英里（約一百七十公里）的紀錄，與登陸的美軍部隊在水原附近會合。聯合國軍則繼續從西及南向漢城推進。

駐守漢城及金浦的北韓人民軍僅只有一個戰鬥力不強的師約五千餘人，面臨聯合國軍的包圍與強勢攻擊仍頑強抵抗，最後幾天進行慘烈的巷戰。九月二十五日，北韓軍入侵滿三個月，聯合國軍光復漢城。南侵的朝鮮人民軍退路被切斷，被迫戰略退卻。其主力被切斷在朝鮮半島南部，損失嚴重，被南北夾擊轉瞬潰敗。但是北韓軍仍有四萬餘人成功穿過美軍防線逃回北韓。仁川登陸後半個月內，聯合國軍共造成北韓軍近四萬人的傷亡，失去三分之一的兵力、三分之二的戰車、火砲和車輛，殘餘兵力幾無秩序地潰退。到了十月中，也就是登陸一個月後，北韓軍高達十三萬五千人被俘。仁川登陸確實出乎北韓領導人金日成的預料，他原本計畫在一個月內結束戰爭，也就是消滅南韓統一朝鮮半島，但是聯合國軍、美國空軍及海軍的出現讓他感到震驚，也粉碎了他的夢想。

仁川登陸為麥克阿瑟的一次重大勝利，也是其軍旅生涯的巔峰，此役使麥克阿瑟的威望極度提昇，以致美國參謀長聯席會議之後都不敢再質問麥克阿瑟後續之計畫與決定，以免面對其挑戰。

◆ ◆ ◆

漢城光復後，九月二十七日美國總統杜魯門及參謀長聯席會都同意麥克阿瑟越過三十八度線的建議，但是杜魯門要求麥克阿瑟只有在中國和蘇聯主要軍隊都不會參戰的情況下才可進行。十月一日，南韓第一批部隊終於進入北韓作戰。同日，麥克阿瑟向北韓發出「最後通牒」，要朝鮮人民軍無條件「放下武器停止戰鬥」；聯合國軍在南韓已經集結三十三萬兵力。十月七日，聯合國大會通過三七六號決議案，呼籲朝鮮半島統一。然後美國指揮的聯合國軍授權打開越過三十八度線的綠燈；十月九日，美軍第一騎兵師越過三八線，向平壤推進。美國連日出動 B-29 轟炸機對平壤進行猛烈轟炸。十月十九日，美軍進占斷垣殘壁如同廢墟的平壤及東海岸的元山，北韓政府則在幾天前遷往北邊慈江道的江界市。至此，聯合國軍已占領北韓大部分領土，與兩三個月前北韓占領南韓大部領土的情勢剛好相反。

◆　◆　◆

聯合國軍在仁川登陸後，朝鮮半島戰爭局勢逆轉，北京幾乎每天都通過廣播警告美國，如果跨過三十八度線，中國就會出兵。十月一日，南韓第一批部隊進入北韓。同日，北韓勞動黨委員長金日成致函中共主席毛澤東，提出出兵援助北韓的請求，而蘇聯領導人史達林也致電毛澤東，建議中國政府派軍，以志願軍名義支援朝鮮。

十月二日中共內部討論朝鮮半島局勢和中國出兵問題，毛澤東認為出兵朝鮮已是萬分火急，原打算派林彪率兵入朝，但是林彪託病推辭，於是毛澤東便決定派彭德懷掛帥出戰。雖然不少中共領導階層認為共和國成立僅一年，國內百廢待興，無力參與大規模戰爭，但毛澤東堅持介入，周恩來亦同意。十月五日，中共中央政治局決定出兵援朝。十月八日，毛澤東發出組織中國「人民志願軍」赴朝參戰之命令，並任命彭德懷為中國人民志願軍司令員兼政治委員。當時的口號是「抗美援朝，保家衛國」。

中國共產黨於一九四九年十月建立「中華人民共和國」之後，美國對中國的情報不靈，無法掌握其政治與軍事動向。而「人民志願軍」這一名稱讓聯合國軍誤以為這不過是一支小規模的志願者隊伍。後來才弄清楚所謂志願軍其實是建制的正規部隊，只是使用完全不同的番號後，也預設「志願軍」這一名稱將會把戰爭限制在朝鮮半島，避免戰爭升級。美國一直認為中國不會出兵。十月十五日杜魯門在威克島（Wake）會見麥克阿瑟，麥帥表示希望能在耶誕節之前撤回第八軍團，並指出中國和蘇聯出兵干預的可能性非常小，中國在東北有三十萬軍隊，只有五、六萬人可以渡江作戰。但實際上中國加入韓戰初期出兵就已達到三十萬。然而杜魯門忌憚中國與蘇聯全面干涉，因此下令不得在中朝邊界附近使用除南韓軍隊以外的任何部隊、禁止對中國東北和蘇聯領土實施空中與海上攻擊。

中國派「人民志願軍」進入朝鮮半島抗美援朝，韓戰進入一個新的階段。韓戰自北韓於一九五〇年六月二十五日發動南侵，聯合國軍九月中在仁川登陸接著光復漢城，又於十月起越過三十八度線攻占平壤並把北韓軍驅趕至北方邊境一隅，總共不到四個月時間。聯合國軍包括統帥麥克阿瑟在內，原以為耶誕節之前就可以結束戰爭回家過節，但是中國於十月十九日打著抗美援朝的旗號派大軍進入朝鮮半島參戰後，直至一九五三年七月二十七日才與聯合國軍簽訂停戰協定，歷時達兩年又十個月餘，經過無數次大小戰役，雙方兵力及平民死傷慘重，成為二次大戰結束後第一場最為慘烈的戰爭。

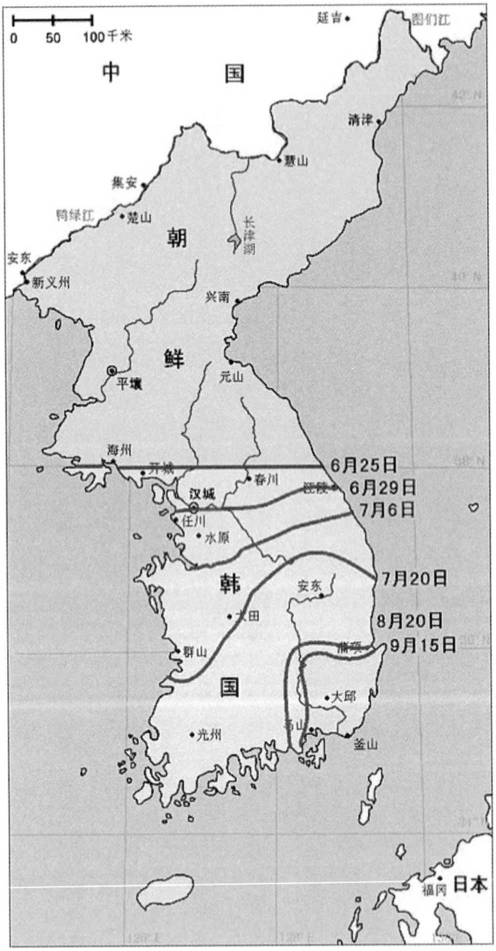

韓戰爆發至仁川登陸（1950 年 6 月 25 日～9 月 15 日）情勢。（摘自 Wikipedia）

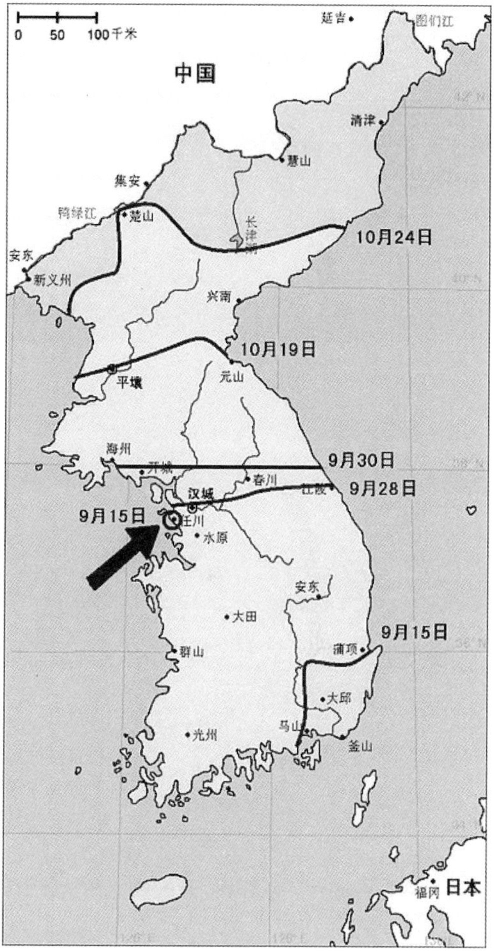

仁川登陸後一個月戰事發展。（摘自 Wikipedia）

韓戰爆發北韓部隊南侵，大批南韓人民逃向南方。（摘自 Wikipedia）

F4-U Corsair 海盜式戰鬥機。韓戰初期，美軍還用這型二次大戰期間的螺旋槳戰鬥機對付北韓軍。2022 年韓戰電影《決戰 38 度線》（*Devotion*）中登場的就是此型飛機。（作者攝）

蘇聯製 T-34 戰車是韓戰北韓南侵的主力戰車。（作者攝）

洛東江是南韓最大河流，流至慶尚道陝川（右）昌寧（左）之間水流較為平緩，且兩岸有淺灘，所以北韓軍選擇在此處渡江。（作者攝）

北韓領導人金日成座車。聯合國軍於 1950 年 10 月越過 38 度線攻占北韓首都平壤擄獲該車，後輾轉運至南韓慶尚南道泗川航空博物館展覽。（作者攝）

1950 年 9 月洛東江戰役美軍擊退北韓軍紀念雕像。慶尚南道昌寧。（作者攝）

第十三章

中共抗美援朝派「志願軍」參戰

中國派「人民志願軍」進入朝鮮半島抗美援朝，韓戰進入一個新的階段。

一九五〇年十月十九日晚，中國人民志願軍從安東、河口、輯安等多處地點祕密渡過中國大陸與北韓界河鴨綠江。入朝後的第一次戰役在十月二十五日打響。當天志願軍第四十軍第一一八師在北鎮對聯合國軍發起突襲，奪回溫井。同日，志願軍一個團殲滅南韓軍一個加強營；十一月一日至三日，志願軍突襲美軍第一騎兵師於雲山。聯軍並未料到中國人民志願軍會在聯軍越過三八線進入北韓的情況下發動進攻，而且此前聯軍也沒有收到任何中國人民志願軍已經跨過鴨綠江的情報。聯軍被打得措手不及，全面撤退至清川江以南。

中共領導人毛澤東的兒子毛岸青（毛與楊開慧所生的長子）也參加了抗美援朝的人民志願軍，擔任司令部祕書兼俄語翻譯。十一月二十五日上午十一時，聯合國軍四架南非的B-26轟炸機攻擊了戰線以北的大榆洞志願軍司令部，投下的凝固汽油彈擊中司令部作戰室。毛岸英未能及時逃出燃燒中的房舍而當場死亡，屍體無法辨認，只能靠他生前配戴的蘇聯手錶殘骸才得以確認，年僅二十八歲。毛澤東決定不把毛岸英的遺體運回國。毛岸英後來被葬於北韓平安南道檜倉郡中國人民志願軍烈士陵墓，墓碑上題字為「毛岸英同志之墓」。

毛岸青死亡當天，十一月二十五日，中國志願軍發動第二次大規模攻擊。在西面戰線，志願軍第十三兵團於清川江發動猛烈攻勢，令南韓軍及美軍第二師難以招架。聯合國指揮部、美國第八軍團在土耳其旅掩護下成功撤退。但是，當時聯合國軍正處於兵荒馬亂情況之中，未能進行偵察以確定中國軍隊的狀況，其實志願軍補給運輸困難，士兵苦於挨餓受凍的狀態。結果，沃爾頓・華克將軍在十二月三日下令第八軍團放棄北韓，並向南面的三八線撤退一二〇英里（一九〇公里），被稱為美國軍事史上最長的撤退。十二月六日，中國志願軍和朝鮮人民軍收復平壤。清川江之役可說是志願軍在整個韓戰期間的代表作，但也讓中共領導人高估了志願軍的能耐。

在東面戰線，十一月二十七日志願軍第九兵團在長津湖突襲美國陸軍第七師第三十一團和美國海軍陸戰隊第一師。但美軍在空軍掩護（二〇二一年電影《決戰38度線》情節）及第十軍支援下成功突圍循海路撤退。此役美軍戰死、失蹤、受傷及凍傷約一萬五千人。而中國志願軍部隊也在美軍優勢火力下遭到重創，死亡近五萬人，其中凍死、凍傷減員高達九千餘人。長津湖之役中國志願軍以人海戰術包圍美軍並逼使其撤退，但也付出極高的代價。志願軍缺乏重武器且補給線過長，造成運輸困難，而最重要的是當時已是十一月下旬，正值朝鮮半島嚴冬季節，匆匆趕來參戰的志願軍仍然穿著單薄的軍衣，缺乏適當禦寒裝備，作戰力嚴重受到影響，大批士兵直接凍死或凍傷。在零下三十七度的酷寒下，有三個連全連被凍死，被稱為「冰雕連」[2]。而美軍則於耶誕節前順利從興南港以約二百艘軍艦裝載軍人、平民和大量武器裝備運達南部的釜山。

2　長津湖戰役發生在一九五〇年十一月十七日至十二月十三日，歷時十七天，當時氣溫驟降到零下三十七度，中共第九兵團在保暖不足的情況下，發生三個連的士兵全部凍死的慘劇，這就是被中共吹捧的「冰雕連」，試圖將這極端痛苦的悲劇美化成英勇的事蹟。

第二次戰役聯合國軍慘敗，聯合國完全放棄了統一朝鮮半島的希望，並在一九五〇年十二月十一日向中國提出在三八線停火的建議。

十二月二十三日，美軍第八軍團司令沃爾頓・華克將軍乘坐的吉普車在漢城北郊與一輛南韓軍卡車發生車禍而喪生。此節與著名的喬治・巴頓（George Smith Patton）將軍的命運頗為類似，實際上華克在二戰期間就曾在巴頓麾下指揮第三裝甲師及之後的第二十軍，沒想到兩人相繼因車禍去世。美國指派李奇威（Matthew Bunker Ridgway）中將接替出任第八軍團司令。華克遺體被運回華府，一九五一年一月二日葬在阿靈頓國家公墓。他成為韓戰期間在朝鮮半島死亡的美國最高階軍人，雖然不是因戰鬥陣亡。為紀念華克，美國一九五一年投入服役的 M41 輕戰車被命名為「華克猛犬」（M41 Walker Bulldog）[3]。一九六三年，南韓總統朴正熙將漢城一座新成立的酒店命名為華克山莊（Walker Hill），以紀念華克將軍對南韓的貢獻。五星級的華克山莊還設有賭場，自開業以來一直都是觀光客喜愛的住宿及遊樂地點。

一九五〇年十二月三十一日，中國志願軍與北韓人民軍全線進攻，突破聯合國軍防線，使其於一九五一年一月二日全線撤退；中朝軍隊一月四日進占漢城，次日渡過漢江，一月八日占領仁川。至一月七日，聯合國軍已退至北緯三十七度線之平澤、安城、堤川、寧越、三陟一線，作戰過程中大批南韓軍和少量美軍因撤退不及，被中國人民志願軍和北韓人民軍殲滅，而聯軍的主力卻並未減損；志願軍司令員彭德懷認為聯軍是在有計畫地南撤，企圖誘敵深入重演仁川登陸故仗，故命令志願軍停止追擊，第三次戰役遂於一月八日結束。

一九五一年一月十三日，聯合國再度提出停戰建議，但毛澤東認為志願軍有能力將聯合國軍逐出朝鮮半島，他在給彭德懷的指示中稱現在停火將給政治面上以很大的不利，要求趁熱打鐵，統一朝鮮半島。但由於軍需緊缺，志願軍已難以即刻推進。聯合國大會在二月一日以四十四票贊成，七票反對，八票棄權，通過第四八九號決議，認定中華人民共和國介入北韓是侵略行為，呼籲中國停止對抗聯合國軍，退出朝鮮半島。次日，周恩來發表聲明，指責美國操縱聯合國，呼籲美軍停止侵略北韓的行為，聲稱要將抗美援朝戰爭進行到底。不久，雙方再次在戰場陷入大規模交火狀態。

李奇威中將接任美國第八軍團司令後，加強情報工作，採用陣地戰步步為營，發揮空軍及砲兵的裝備優勢，不以奪取領土為最終目標，而以消耗對方兵力為主。他於一月二十五日發動上任後首次攻勢「霹靂行動」，志願軍被迫撤退到漢江以北。聯軍並由西向東全線進攻；中朝軍隊開始第四次戰役，積極防禦。進入二月，聯合國軍組織二十三萬兵力和大批飛機、戰車、火砲，向志願軍全線進攻。二月十一日晚，志願軍發起橫城（江原道橫城郡）反擊戰，牽制住砥平里（在

3 中華民國陸軍於一九五八年開始接收美國軍援 M41 戰車，其後陸續接收達七百餘輛，擔任裝甲部隊的主力，成為 M41 戰車海外使用數量最大的國家。該型戰車一九九〇年代後始逐漸退役，直至二〇二二年二月才全數除役。

今京畿道楊平郡）的聯合國軍，向駐防江原道原州的美軍防線進擊。志願軍利用橫城反擊戰迫使南韓第三、第五、第八師，以及美軍第二師一部和空降一八七團開始後撤。橫城反擊戰後，除了砥平里的聯合國軍，東線聯合國軍出現全線動搖的跡象。

但是由於缺乏空軍支援，志願軍在戰場上沒有所謂前線與後方的區別，整個戰線曝露在美軍的猛烈空襲之下，只能利用夜戰突擊，並在夜間以大量民工搶修道路與橋梁，隨炸隨修。三月七日，聯合國軍再度集中二十餘萬兵力，以幾百架飛機支援，全線進攻中朝聯軍。三月十五日，南韓第一步兵師和美軍第三步兵師重占漢城，標誌著一九五〇年六月戰爭爆發以來第四次，也是最後一次該首都易手。中朝軍隊節節抗擊，到三月底時後退到三八線以北，四月二十一日第四次戰役結束。

戰事至一九五一年四月，聯合國軍開始掌握一定的優勢。中國增援部隊於四月十六日陸續抵達後，朝鮮半島戰場上的志願軍總兵力首度超過聯合國軍，在數量上處於上風。四月二十二日，志願軍和朝鮮人民軍發起第五次戰役，志願軍再次向南推進至漢城附近。五月十六日，中朝聯軍以九個軍兵力突破聯合國軍防線，經過五天激戰，擊潰南韓軍第五師和第七師。五月二十日，美軍和南韓軍憑藉空軍支援及高度火力與機械化，很快堵塞志願軍打開之缺口。

美軍發現志願軍每攻擊七天後，彈藥與糧食就會用罄而須等待補給，因此稱之為「禮拜進攻」，於是抓住空檔大舉反撲。在志願軍的全面攻勢結束後，聯合國軍開始發動攻勢，逼進鐵原

（江原道最西北郡）、漣川（京畿道最北郡），志願軍六十三軍奉命堅守鐵原，減緩了聯合國軍的進攻速度。最終，志願軍全線撤退約四十公里後在鐵原一線拚死阻止住聯軍的進攻。聯合國軍第二次跨進三八線，美軍的彈藥量以平常的五倍密集砲擊，被稱為「范弗里特彈藥量」，單一砲兵營在二十四小時內就射擊一萬二千發以上的無間歇砲幕。奉命孤軍斷後的志願軍第一八〇師則陷入重圍，損傷過半，數千人被俘，占韓戰中全部志願軍被俘人數三分之一以上。剩餘五千六百餘人突圍至三八線以北。六月十日，第五次戰役結束，中國人民志願軍和朝鮮人民軍把戰線穩定在三八線附近地區；從此，韓戰進入相持階段。

◆ ◆ ◆

第五次戰役期間，一九五一年四月十一日，麥克阿瑟被杜魯門總統解職，由美軍第八軍團司令李奇威接任。韓戰爆發以來，杜魯門政府與聯軍指揮官麥克阿瑟的意見發生多次衝突。麥克阿瑟以軍事上的勝利為優先，在朝鮮半島的行動很多都未得到華府的同意，有些甚至違背華盛頓的決策。杜魯門則希望避免與中國及蘇聯產生直接衝突，更不想引發第三次世界大戰。麥帥與杜魯門間的矛盾與怨恨越積越深。四月十日，杜魯門總統指示參謀長聯席會議主席布萊德雷給麥克阿瑟發出照會：「我以總統和最高統帥官名義，非常遺憾地免去閣下的駐日聯合國軍司令官、聯合國軍最高司令官、美遠東軍司令官、遠東地區美陸軍司令官職務。請閣下將指揮權立即移交給李奇威將軍。」被解職的麥克阿瑟回到美國後在全美受到英雄式的歡迎，四月十九日，麥克阿瑟在國會發表題為《老兵不死》（Old soldiers never die, they just fade away）的著名演講。一九五二年麥克阿瑟參與共和黨總統初選，當年的大選是由另一位同樣頂著五星上將二戰英雄光環的艾森豪代表共和黨出馬，最終贏得總統寶座。從政失敗後麥克阿瑟轉往商界。這位唯一參與過一次大戰、二次大戰及韓戰三場戰爭的美國將軍於一九六四年去世，享壽八十四歲。

◆ ◆ ◆

一九五一年五月十八日，為了制止北韓侵略，聯合國大會通過美國提出的第五〇〇號決議，要求聯合國成員國對中國大陸與北韓實行禁運。

韓戰經歷一年不停的激烈交戰後，美國與蘇聯都有意進行停火談判，雙方開始有所接觸，出兵數十萬的中國接著也表達願意談判的立場。七月一日，朝鮮人民軍最高司令官金日成和中國人民志願軍司令員彭德懷聯名覆電李奇威，聲明同意舉行停戰談判，並建議談判地點為三八線以南之開城。七月八日，雙方提出正式代表名單：聯合國方面為首席代表美國遠東海軍司令官特納喬伊中將、美國遠東空軍副司令官勞倫斯克雷吉空軍少將、美國第八軍團副參謀長亨利霍治陸軍少將、美國參謀長阿利柏克海軍少將，和南韓國軍第一軍軍長白善燁少將；北韓和中華人民共和國方面代表為首席代表北韓人民軍第二軍團長南日大將、北韓人民軍李相朝少將、中國志願軍副司令員鄧華、中國志願軍參謀長解方。

七月十日，在開城正式開始停戰談判。會議開始後，雙方立場南轅北轍，差距過大，第一次談判破裂。七月二十六日，雙方繼續談判初步達成共識：一、通過議程；二、確定雙方軍事分界線以建立非軍事地區；三、在北韓境內實現停火與休戰的具體安排；四、關於戰俘的安排問題；五、雙方有關各政府之建議事項。十月二十五日，聯合國軍代表同北韓和中國方面重開談判，地點改在位於開城東南八公里之板門店。

一九五一年七月，交戰雙方雖然開始坐下來談判，但是為獲得停戰談判的有利條件，雙方都不時發動攻勢奪取對方更多的土地以為談判籌碼，所以韓戰進入相持與談判的階段。大致上中國志願軍兵力源源進入半島人數較多，但缺乏空中支援。聯合國軍則火力及機動性占優勢，而且還有空軍轟炸機及戰鬥機支援。八月中旬至九月中，聯合國軍在江原道西邊發動夏季攻勢，從其中「喋血嶺」及「傷心嶺」兩場戰役之名可略知其慘烈。雙方死傷都以數千計。這種談談打打、邊談邊打的情形變成韓戰中後期的常態，時間長達兩年，直至一九五三年七月雙方達成停戰協議。

一九五二年，韓戰進入陣地相持階段，即靜態戰爭階段。五月，馬克．克拉克（Mark Wayne Clark）接替李奇威擔任總司令。六月，板門店談判因戰俘問題陷入僵局，而美國國內反戰情緒高漲，政府害怕公眾壓力會迫使美國在談判桌前處於不利地位。與此同時，民主共和兩黨候選人都同意盡早通過政治手段結束韓戰。

一九五二年十月十四日，聯合國軍第八軍團對位於三八線中段金化（在今北韓江原道）的上甘嶺發動空前激烈之「金化攻勢」。雙方在戰線陣地上進行拉鋸戰。多次反覆爭奪的結果，兩方皆死傷慘重。上甘嶺之役前後歷時四十三天，在不到四平方公里的地區，雙方共發射砲彈超過二三〇萬發，其激烈可想而知。中國人民志願軍軍隊傷亡情況遽增，不過仍倚靠有系統建設的坑道工事阻止了美軍的攻擊。

時序進入一九五三年，朝鮮半島上交戰的雙方仍然在半島東岸至西岸綿長的戰線上奮力進行拉鋸戰，好為己方在板門店談判爭取有利地位，而談判的主要癥結是雙方俘虜遣返問題。其中一個位於江原道鐵原郡的三〇〇高地，美軍稱之為「豬排山」（Pork Chop Hill），自當年三月至七月共發生四次爭奪戰，雙方都付出重大代價，只是為了談判時多一個籌碼。由美國知名影星葛雷哥萊・畢克（Gregory Peck）主演的好萊塢影片《光榮之丘》（*Pork Chop Hill*）就是描述該年四月間三〇〇高地第三次爭奪戰的情形。

南韓的 Sikorsky H-19 Chickasaw 直升機。韓戰是第一場大規模使用直升機的戰爭。（作者攝）

韓戰時南韓軍隊的口糧——飯糰。韓國料理中有所謂「部隊鍋」，則是韓戰結束之後利用美軍物資發想的創意料理。（作者攝）

1950 年 11 月下旬中國志願軍發動第二次戰役，將聯合國軍驅趕回 38 度線以南，圖為聯合國軍及難民在平壤攀爬被炸毀的大同江橋以逃離戰火的場景模型。該模型位於巨濟戰俘營公園，係根據著名攝影記者德斯佛獲得 1951 年普立茲獎的相片所重製。（作者攝）

1950 年 12 月長津湖戰役後由興南港撤退的美軍，摧毀了無法帶走的物資和港口設施。（摘自 Wikipedia）

第十四章

韓戰的意義與影響

值得注意的是，由於參戰雙方簽署的是停戰協定而非和平條約，因此從國際法上來講，這場戰爭尚未結束。

韓戰停戰談判從一九五一年七月十日至一九五三年七月二十七日，延續了兩年多。在此兩年中，中朝與聯合國軍雙方在談判帳篷中舉行了多達五七五次會議。

韓戰打了三年之後，交戰各方其實都已兵疲馬困，希望能夠盡早結束這場戰爭。一九五三年六月六日，艾森豪致函李承晚，敦促他接受停戰協定，並提醒他，武力統一北韓，只是一個夢想。六月八日，美方接受北韓和中國方面關於戰俘遣返問題之方案，朝鮮停戰談判的最後一項問題，終於有了共識。六月十五日，停戰談判各項議程全部達成協議，按照雙方實際控制線劃分軍事分界線工作即將完成。六月十六日，李承晚覆函艾森豪，拒絕接受停戰協定。而此時戰事仍在朝鮮半島戰線上炙烈地進行。七月十九日，美方發表聲明，保證實施停戰，並繼續向南韓施壓。隨後南韓政府發表聲明，願意接受停戰協定。

一九五三年七月二十七日上午十時，《朝鮮停戰協定》在板門店由聯合國軍總司令美陸軍四星上將克拉克，以及朝鮮人民軍最高司令官金日成和中國人民志願軍司令員彭德懷等簽字。同日二十二時生效。主要內容：劃定軍事分界線，雙方各由此線後退二公里，以建立非軍事區；雙方停止一切敵對行為，並從規定地區撤出一切軍事力量；停止自朝鮮半島境外再派入增援的軍事人員、武器和彈藥；協定生效六十天內，雙方直接遣返堅決要求遣返的戰俘，其餘戰俘交中立國遣返委員會處理等。

至此，韓戰終於告一段落。但是值得注意的是，由於參戰雙方簽署的是停戰協定而非和平條約，因此從國際法上來講，這場戰爭尚未結束。此外，因為南韓並未在《停戰協定》上簽字，使得這份《停戰協定》也留下了一些變數。

◆ ◆ ◆

一般認為，冷戰始於一九四七年美國提出「杜魯門主義」，結束於一九九一年蘇聯解體。韓戰（朝鮮半島戰爭）可以說是冷戰期間的第一場「熱戰」。韓戰歷時三年一個月，交戰雙方軍人及平民都死傷慘重。雖然中方在韓戰的具體傷亡人數一直存在爭議，但都可看出其參戰採用「人海戰術」的慘重代價。中國最初的統計數字，在朝鮮戰場上陣亡的志願軍為十四萬九千人、負傷二十二萬人，失蹤二萬五千六百人及被俘二萬一千四百人。但二〇一〇年的中國資料又稱，共有十八萬志願軍在朝鮮戰爭中犧牲。據美國方面統計，在朝鮮戰場上陣亡的中國人民志願軍為四十萬人以上、負傷也近四十八萬人及被俘二一八三九人。

相比之下，聯合國軍傷亡較輕，共死亡五七六〇六人，傷病一一五一八三人，失蹤及被俘近七千人。其中，美軍死亡五四二四六人，占外國軍隊死亡總數的九成以上。此外朝鮮半島死亡的平民粗估約二百萬至三百萬人，其中南韓一百萬人，北韓一百五十萬人。

交戰雙方付出如此巨大的代價，戰爭的結果如何呢？戰爭前南北韓雙方以北緯三十八度線為界，這是一條肉眼看不見的線。歷經三年一個月又兩天的激烈戰爭，停戰後雙方仍大致以三十八度線為界。但是實際界線已非直線，而是根據停戰時雙方實際占領線為界，比三十八度線往南或往北移動幾公里而已，大致上可以說是回到戰前的狀態。所以，韓戰到底是所為何事？

韓戰期間擔任美國參謀長聯席會議（Joint Chiefs of Staff; JCS）主席的五星上將布雷德利（Omar Bradley）曾將韓戰爭描述為「一場在錯誤的地點，錯誤的時間，同錯誤的敵人進行的錯誤的戰爭」。

對美國而言，這場戰爭夾在第二次世界大戰和後來的越戰之間，規模和歷史影響都要小得多，因此也被稱為「被遺忘的戰爭」。這場重塑了東亞政治格局的戰爭，很多人並不知道，在朝鮮半島短兵相接殺紅了眼的中美兩國，從未互相正式宣戰。彼時離第二次世界大戰結束剛剛五年，參戰各方都有默契地將其控制為「有限戰爭」。而美軍也以聯合國軍的名義，而非單一國家參戰。

對中國而言，其軍隊是以「志願軍」名義赴朝，以示中國沒有跟美國宣戰。根據中國史料，中方先後入朝作戰的總兵力近一百九十萬人，數量之大令人咋舌。值得注意的是，中國這批軍隊原本是要派去攻打臺灣的武力，因為韓戰爆發，他們被轉調到朝鮮半島，而其中多半是一九四五年至一九四九年國共內戰期間降共的前國民政府部隊。美軍因韓戰爆發而協防臺灣，加上赴朝鮮半島作戰的志願軍死傷嚴重，於是中共攻臺計畫也就無疾而終了。

蘇聯則完美地扮演了一場「代理人戰爭」的幕後角色，一方面對中國和北韓提供各種支援，北韓與中共在韓戰期間使用的米格機及坦克就是最明顯的蘇聯武器。另一方面，蘇聯嚴禁己方直接參與戰鬥。在聯合國軍抵達三八線後，金日成向史達林求援給予直接軍事援助，這一請求被史達林擱置。蘇聯的意圖是不直接參戰，把戰爭在朝鮮半島的範圍內擴大，使美國深陷對朝鮮的軍事泥淖之中，也將美國的注意力從歐洲引向遠東。史達林樂見中國與美國持續衝突，因此否決了金日成的停戰請求，支持毛澤東繼續戰爭。如果不是史達林於一九五三年三月初突然死亡，蘇聯新領導人隨即要求中共盡快停戰，中共仍將不會接受部分遣返戰俘，朝鮮半島這場打了三年的戰爭很可能還會繼續下去。

韓戰爆發之後，一海之隔的日本迅速成為以美國為首的聯合國軍軍事行動的主要基地，以及各種物資的重要來源。美國是直接以現金的方式向日本採購物資與勞務。在從戰爭爆發到結束的三年裡，日本總共獲得了二十四億美元的訂單，這為日本二戰後經濟的復甦提供了最直接的資金來源。在戰爭需求的刺激下，瀕臨破產邊緣的日本各大企業紛紛開始復活。例如豐田（Toyota）汽車，在一九五〇年六月，豐田的卡車產量總共只有三百輛，幾乎到了關門的地步。而韓戰的頭一個月，他們就接到了超過五千輛卡車的軍事訂單，這直接促使豐田公司起死回生，其他大小企業也都直接或間接受惠。另外，參與韓戰的美國及聯合國各國官兵休假時大都前往日本，大大刺激了日本的消費。所以日本成為韓戰的最大受益者，這是日本當年統治朝鮮半島時所難以想像的。

臺灣顯然也是韓戰的受惠者。一九四九年十月一日，毛澤東在北京宣布成立中華人民共和國。解放軍十月十五日攻陷廣州、十月十七日攻占廈門，十月二十五日解放軍進攻金門古寧頭則失利。原本岌岌可危的臺灣情勢暫時轉危為安，但中共並未放棄攻臺計畫。為了穩定臺海情勢，美國總統杜魯門在韓戰爆發後立即宣布調派美國海軍第七艦隊巡邏臺灣海峽，協防臺灣，使得剛撤退來臺的中華民國政府獲得了休養生息的機會。韓戰停戰後二萬餘名中國人民志願軍俘虜中有一萬四千餘人按照他們的意願於一九五四年一月抵達臺灣，也給予臺灣莫大的政治宣傳效益。從此中華民國立基臺灣，進而演變出今日的兩岸關係，並形塑了東亞今天的政治情勢。

這張展示在高城統一瞭望臺的聯合國軍心戰宣傳品，顯示中國士兵被毛澤東推向朝鮮半島戰火，而真正的「幕後推手」是蘇聯領導人史達林。這張頗為傳神的漫畫，從文字來看可能是出自臺灣政工之手。（作者攝）

韓戰期間聯合國軍對中國志願軍心戰的宣傳品，展示於高城統一展望臺。（作者攝）

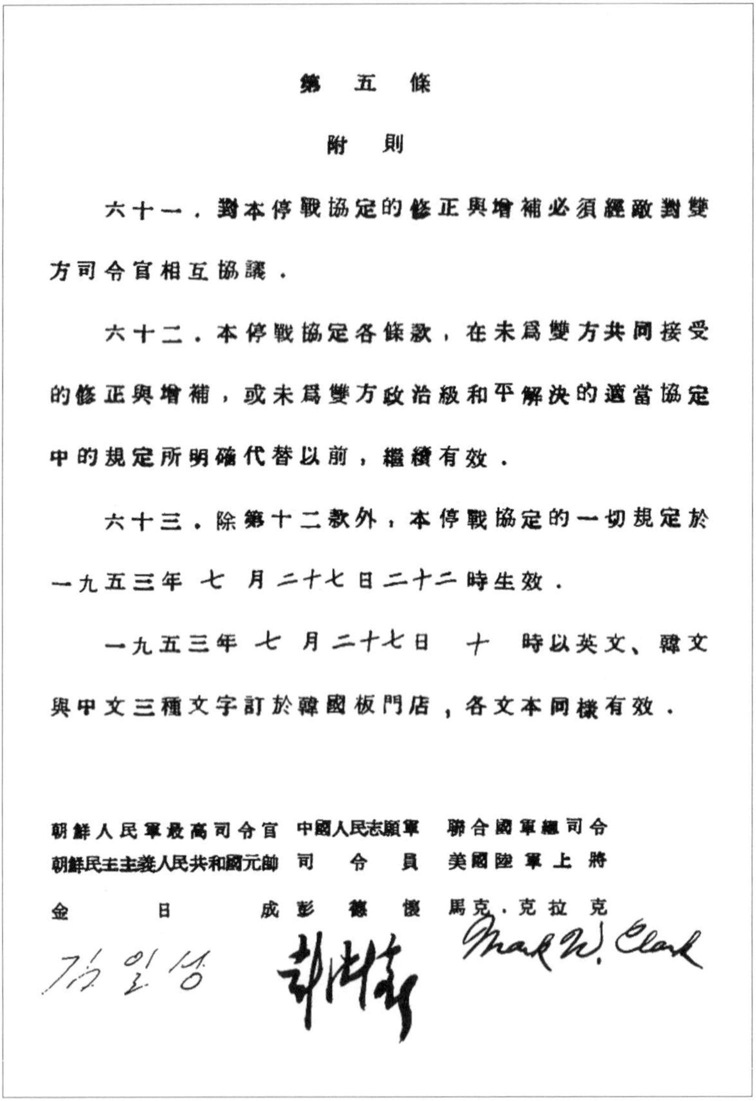

第 五 條

附 則

六十一．對本停戰協定的修正與增補必須經敵對雙方司令官相互協議．

六十二．本停戰協定各條款，在未爲雙方共同接受的修正與增補，或未爲雙方政治級和平解決的適當協定中的規定所明確代替以前，繼續有效．

六十三．除第十二款外，本停戰協定的一切規定於一九五三年 七 月二十七日二十二時生效．

一九五三年 七 月二十七日 十 時以英文、韓文與中文三種文字訂於韓國板門店，各文本同樣有效．

朝鮮人民軍最高司令官 中國人民志願軍 聯合國軍總司令
朝鮮民主主義人民共和國元帥 司 令 員 美國陸軍上將
金 日 成 彭 德 懷 馬克．克拉克

停戰協定由美國、中國及北韓三方簽字。（摘自 Wikipedia）

第十五章

韓戰俘虜

板門店談判經常因戰俘問題陷入僵局，甚至成為達成停戰的最大障礙。

韓戰爆發後，聯合國軍於一九五〇年下半年在釜山開設戰俘收容設施，共有九個戰俘收容所和二個戰俘監獄，每個收容所可以關押一千五百名左右戰俘。後來中國志願軍於該年十月抗美援朝湧入朝鮮半島之後，俘虜人數也隨之陡增。至一九五一年六月，也就是韓戰進行一年之後，聯合國軍共俘虜北韓戰俘十五萬二千五百人、中國志願軍戰俘二萬一千四百人。釜山戰俘收容所已無法容納大量增加的俘虜。中國與北韓戰俘最初一起被送往釜山收容所混合關押，後來由於兩方之間發生許多矛盾，經常打架滋事，難以管理，於是聯合國軍就把戰俘按照國籍分開。而且釜山是臨時首都，大批敵方俘虜關押在軍政要地也容易發生意外。

聯合國軍於一九五一年四月開設巨濟島戰俘營，一九五二年五月又在濟州島開設戰俘營。巨濟是一個位於朝鮮半島南岸東段的一個島嶼，與釜山直線距離頗近，從釜山出發搭船一小時內可達；陸路則必須繞經金海、昌原及統營等地，最後還要通過一座橋梁才能抵達巨濟島，車程約需三小時。所以聯合國軍選擇在該地設戰俘營，便於監控與管制。（近年巨濟與釜山之間建有「巨加大橋」，從釜山可以直接開車前往巨濟，頗為方便。）一九五一年五月三十日，約十五萬名北韓人民軍和二萬一千四百名中國志願軍戰俘開始被移往巨濟島戰俘營。在中國俘虜中，連排級軍官有六百人左右、營級三十餘人、團級五人、師級一人。

在北韓方面，中國人民志願軍進入朝鮮半島參戰後，一九五〇年底在北韓靠近中國邊境的碧潼建立戰俘營。碧潼戰俘營位於鴨綠江和支流形成的一個半島上，三面環水。剛開始只收容管理南韓國軍以外的聯合國軍戰俘，一九五一年三月之後，南韓軍戰俘也交由志願軍管理。

至一九五一年六月，戰爭進行一年之後，碧潼戰俘營共有美軍戰俘二千餘人，英軍戰俘八百餘人，土耳其戰俘二百餘人。由於嚴寒、極度的物質匱乏，以及美軍戰俘中普遍的心理崩潰，在一九五〇年至次年的冬季和春季，戰俘營內的美軍戰俘死亡一千餘人，而其他國家戰俘則較少死亡。隨著停戰談判於一九五一年夏天開始，戰俘營的物質條件得到很大改善，聯合國軍戰俘的死亡人數大幅減少。一九五二年十一月間，中國人民志願軍在碧潼戰俘營舉辦了一場頗有規模的運動會，參賽運動員皆為聯合國軍戰俘，之後對此進行了宣傳。

◆ ◆ ◆

一九五二年五月七日，巨濟島戰俘營指揮官杜德准將（Francis Townsend Dodd），前往七十六號營地以聽取該營地北韓俘虜領導所表達之不滿。他由憲兵營營長雷文（Wilbur Raven）中校陪同在營地門邊停下腳步，當營門打開讓一名勤雜工進入之際，一群戰俘衝出來捉住他們。雷文中校緊抱住門柱，直到美軍衛兵上前將他救走，但杜德被押進戰俘營中央，接下來的七十八小時裡，杜德反倒成了俘虜。他因為態度合作而受到善待，在此同時，營救他的談判也迅速展開。柯爾森准將（Charles F. Colson）被緊急派往巨濟島接替指揮，他下令架起電話和杜德直接聯繫。

共產黨人提出的最重要條件，實際上是要聯合國軍承認對戰俘營裡虐待戰俘等流血事件負責並改善戰俘待遇。柯爾森同意了這個要求，杜德也終於獲釋。此稱為巨濟島事件。

一九五二年五月二十三日，杜德被解除指揮職，同時降階為上校。隔年他就被迫退役。一九七七年一月，在杜德去世四年之後，美國陸軍正式將杜德的軍階恢復為准將。

美國知名華裔作家哈金（Ha Jin）以參加韓戰的中國俘虜遭關押在巨濟戰俘營的故事寫成《戰廢品》（*War Trash*）英文小說，於二〇〇四年出版後備受好評，名列《紐約時報》年度十大好書，也再度引起世人對這場「被遺忘的戰爭」的興趣。

◆ ◆ ◆

韓戰進入拉鋸戰階段後，各方於一九五一年七月開始談判，原本以為難以解決的第二項議程「軍事分界線問題」，早在當年十一月二十七日就達成原則性協議，而原本是次要議題的戰俘問題反而逐漸成為主要議題。板門店談判經常因戰俘問題陷入僵局，甚至成為達成停戰的最大障礙。

一九五一年十二月，交戰雙方談判正式進入戰俘問題的議程。北韓與中國談判代表正式提出按《日內瓦公約》遣返全部戰俘，而聯合國軍談判代表在一九五二年一月二日提出按照戰俘的意願自願遣返。聯合國軍提出此一立場，是因為在巨濟戰俘營內有極大比例的中國志願軍戰俘強烈表達他們不願返回中國，而希望前往臺灣的意願。此提議立刻遭到北韓及中國方面強烈反對，談判雙方從此在戰俘遣返問題上陷入了長期尖銳的鬥爭。其實這也是雙方的面子之爭，中國的「志願軍」軍人被俘虜後不願意回到自己的祖國，而是要前往敵對的臺灣，這對中國何其難堪啊！美國隨後將「自願遣返」修改為「非強制遣返」，其實是換湯不換藥，企圖軟化中國的立場。

二月二十七日在談判中，美方代表指出：中朝方面承認，在戰爭初期曾經對戰俘進行改造，讓他們選擇遣返還是加入中國或北韓軍隊，所以已經採用了「自願遣返」原則。而且中國方面自稱是「志願」軍，既然全部都是「志願」到朝鮮來作戰，為什麼還會擔心有人不想回家，而反對「自願」遣返？這完全不合邏輯。

而共產黨仍然將戰俘視為戰鬥人員，在戰俘營中成立了嚴密的組織，經常製造事端，與監管的聯合國軍人進行鬥爭，使聯合國軍必須派駐足夠的兵力才能有效監控與管理戰俘營。在北韓和中國戰俘的營地內，普遍爆發反共和親共戰俘之間要求遣返和拒絕遣返的血腥鬥爭，鬥毆、虐待、殺害等事件層出不窮。一九五二年四月八日，美軍對戰俘的去向開始進行「甄別」，此類鬥爭於是愈趨激烈。志願軍戰俘許多人寫血書，或是在自己胸前、背後、手臂刺滿反共文字、中華民國國徽或國旗等標誌，以明確表達不願返回中國而希望前往臺灣的意願。

一九五二年五月七日，杜魯門宣布：「強制遣俘與我們在韓國行動的基本道義和人道原則相背。我們不會為了買一個停戰協定，而將人類置於被屠宰或奴役的境地。」杜魯門公開宣稱堅持非強制遣返原則是出於道德和人道主義的考慮，不願意重演二戰後蘇聯戰俘被強制遣返的悲劇。

進入一九五三年之後，韓戰交戰雙方仍繼續談談打打、邊談邊打，談判的癥結依舊是戰俘問題。一九五三年一月，新任美國總統艾森豪為了從朝鮮的僵局脫身而積極尋找辦法。但當時中國人民志願軍正處於開戰以來的最佳狀態，認為在戰場上達成對己方有利的戰爭態勢可能迫使美國在戰俘問題上作出讓步。然而三月五日蘇聯領導人史達林突然去世，使形勢發生了急劇的變化，新的蘇聯領導人希望立即結束戰爭。三月十九日，蘇聯決定接受美國「自願遣返」原則，在朝鮮半島停戰。二十二日毛澤東表示同意蘇聯所提方針。三月三十日，中國政府發表關於朝鮮停戰談判問題的聲明，建議「談判雙方應保證在停戰後立即遣返其所收容的一切堅持遣返的戰俘，而將其餘的戰俘轉交中立國，以保證對他們的遣返問題的公正解決」。

蘇聯與中國態度的轉變，使雙方的談判有突破性的進展。一九五三年七月交戰雙方達成《停戰協定》，並成立戰俘遣返委員會。八月五日，交戰雙方開始交換戰俘。

一九五三年九月，北韓人民軍和中國志願軍方面向聯合國軍交還重傷病戰俘六八四人；直接遣返的戰俘一二七七三人（其中南韓戰俘七八六二人、聯合國軍戰俘四九一一人）。聯合國軍向人民軍和志願軍方面交還重傷病戰俘六六七〇人（其中北韓戰俘五六四〇人、中國戰俘一〇三〇人）；直接遣返的戰俘七五八二三人（其中北韓戰俘七〇一八三人、志願軍戰俘五六四〇人）。

在自願遣返，也就是不直接遣返方面，九月九日，由印度、捷克、瑞典、波蘭、瑞士等五國組成的中立國遣返委員會正式成立，由印度擔任主席。按照《朝鮮停戰協定》，在停戰協定生效後六十天內交給中立國遣返委員會在北韓所設立之「中立區」中看守，然後由戰俘所屬國家派人向戰俘進行九十天解釋工作。之前進行直接遣返之後餘下的不直接遣返中國志願軍戰俘一四七〇四人、北韓戰俘七九〇〇人，以及三五九名聯合國軍及南韓戰俘（其中美軍戰俘二十三人、英軍戰俘一人、南韓戰俘三三五人）被轉交給中立國遣返委員會看管。在中立國監督下，交戰雙方派出代表對戰俘進行解釋（其實是說服），之後由戰俘自己選擇去向。在九十天解釋期間內，少數願意遣返中國的戰俘與多數希望前往臺灣的戰俘之間仍繼續發生激烈的鬥爭。在印度軍隊看管期間，共有三十八名戰俘死亡。

經過九十天冗長且繁瑣的程序，期間不斷傳出鬥爭與死亡的訊息，中立國遣返委員會於一九五四年初做出決定，雙方不直接遣返之戰俘的處理分別為：中國志願軍戰俘四四〇人返回中國，一四二三五人前往臺灣，十二人前往印度；北韓戰俘一八八人返回北韓，七六〇四人留在南韓，七十四人前往印度；美軍戰俘二人返回美國，二十一人前往中國；英國戰俘一人前往中國；南韓戰俘八人返回南韓，三二五人留在北韓，二人前往印度。如此複雜的戰俘遣返工作在歷史上應該是頭一遭。

從以上的數字可以看出，交戰雙方各國戰俘都有不願意返回祖國者，交織出一片複雜難解的情境。美國與英國戰俘有二十餘人願意前往共產統治下的中國，南韓軍戰俘有三百餘名願意留在北韓，北韓戰俘有七千餘人希望留在南韓，雙方都有人要去中立的印度。中國戰俘則有一萬四千多人要前往臺灣。這批高達一萬四千餘人的中國戰俘不願返回中國而選擇前往臺灣，主要原因是他們多半是第二次國共內戰中被俘從而加入中國人民解放軍的前中華民國國軍，他們的存在與動向受到聯合國軍及世界的矚目。

自願前往臺灣的中國人民志願軍俘虜一萬四千餘人分成三批搭船於一九五四年一月二十三日抵達基隆，受到中華民國政府及民眾的熱烈歡迎，被稱為「反共義士」。這些反共戰俘來到臺灣之後，中華民國政府依照他們的意願，有的繼續求學，有的加入軍隊，有的則安排就業，進入榮民工廠、農場或公共建設等工作。中華民國政府後來訂一月二十三日為「一二三自由日」以紀念這個事件。隨著冷戰氣氛轉淡以及兩岸局勢的改變，此「一二三自由日」於一九九三年改名為世界自由日。

韓戰停戰後這些接受自願遣返的俘虜，不論是什麼國籍，要拋棄家庭與祖國而前往一個陌生的國度都是極大的冒險。其抉擇除了需要勇氣與決心，也應該都有更重大的因素與考量。是受意識形態的影響？是受到洗腦？還是受到追求冒險與機會所驅使？或只是受到同營區俘虜的脅迫？他們抵達自己所選擇的國家之後，每個人的發展都不盡相同。他們個別的故事雖然各異其趣，但是在大時代的洪流及時光消逝之下，也就逐漸為人所淡忘了。

巨濟島俘虜收容所遺址公園。1977 年南韓將巨濟戰俘營遺址改建成巨濟島俘虜收容所遺址公園，內設有各種陳列館及體驗館等設施，展示當年俘虜營中俘虜生活的各種面貌及遺物，並提醒參觀者戰爭的可怕以及對人類和平的危害。（作者攝）

模擬韓戰期間北韓軍投降成為俘虜情境。要成為一名俘虜並不是一件簡單的事，動作稍有不慎即可能會被敵軍擊斃；如果搞不清楚在同一陣地內其他戰友的想法，也有可能被自己人射殺。（作者攝）

到了戰俘營就可以過新生活了。（作者攝）

巨濟戰俘營容納約 18 萬北韓及中國戰俘，占地非常廣闊。（作者攝）

巨濟戰俘營內 14,000 餘名中國志願軍戰俘，以身上的反共刺青堅決表達他們不願返回中國而要前往臺灣的意願。營區內（圖左上角）還懸掛著這些俘虜們所製作的美國及中華民國國旗。（https://theinitium.com/article/20200625-taiwan-korean-war-25th-anniversary/）

戰俘營內，親共與反共的俘虜立場鮮明，經常發生鬥爭。（作者攝）

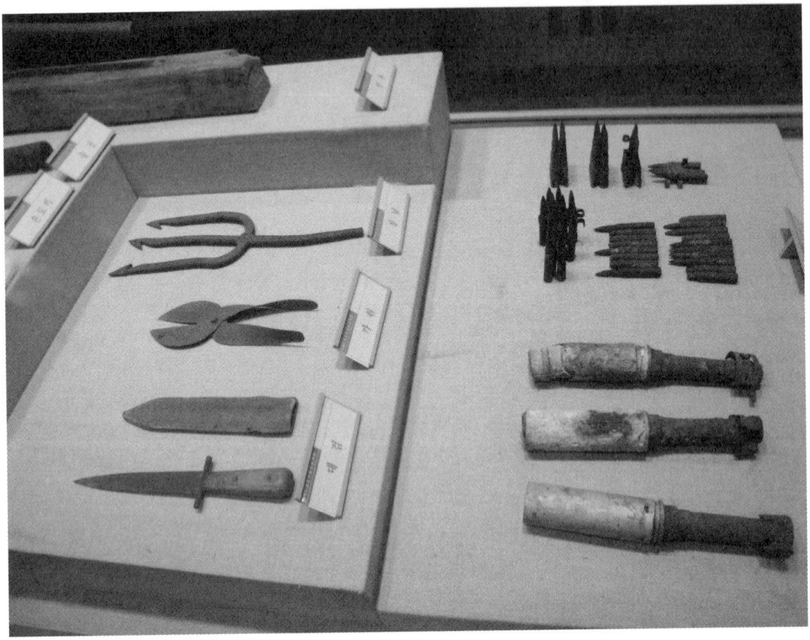

戰俘營內不同立場的俘虜就用這種簡陋的自製武器互相鬥毆。（作者攝）

第十六章 朝鮮半島非軍事區

整條非軍事區長達二四八公里，寬度則大約為四公里，是世界上最緊張的地帶，也是軍人駐守最密集的國界地帶。

一九五三年七月二十七日參與韓戰之聯合國軍、中國人民志願軍、朝鮮人民軍等三方在板門店簽署《朝鮮停戰協定》，確立了由實際占領線及各自退後兩公里而成的周圍地區所構成的南北韓非軍事區（Demilitarized Zone; DMZ），南韓及北韓則稱之為非武裝地帶。

二次大戰結束後，蘇聯與美國以北緯三十八度線為界，分別占領朝鮮半島北部及南部。美、蘇會以三八線劃分朝鮮半島，是當時時間緊迫下的倉促決定，沒有經過實地測量，也沒有考慮地理、人文、軍事等因素。一九四七年半島南、北兩半分別在美、蘇的支持下成立「大韓民國」（南韓）及「朝鮮民主主義人民共和國」（北韓），直至一九五〇年六月韓戰爆發前，南北雙方均以這條肉眼看不見的三八線為界。經過三年餘的激烈戰爭，停戰後雙方大致仍以三八線為界，但是實際界線已非直線，而是根據停戰時雙方實際占領線為界。實際占領線與北緯三十八度線相比，在非軍事區的西端位於三八線南方，東端則在三八線北方，呈現由西南向東北傾斜的樣態。南韓雖然失去西端江華島以北的部分，但東北端江原道高城郡地界則大幅北移，實際上可以說是南韓占了便宜。

中國人民志願軍於停戰後在非軍事區北側曾派駐部隊，至一九五八年始完全撤出。美軍則以聯合國軍的名義於停戰後在非軍事區南側繼續派駐部隊，人數大約二萬八千人。直至今日，非軍事區的兩側仍保持敵對狀態，附近的居民人數也極少。整條非軍事區長達二四八公里，寬度則大約為四公里。這條非軍事區同時是世界上最緊張的地帶，也是軍人駐守最密集的國界地帶。

停戰之後，南北雙方對非軍事區均加以嚴密監控，架設層層鐵絲網、埋設地雷、設立塔臺哨所、密集派兵巡邏等。但是非軍事區不斷地發生入侵事件，而且多數是由北韓軍方所發動的，北韓官方從未直接承認這些事件其所要擔負的責任。偶爾也發生美軍飛機誤闖非軍事區的事件。這些事件列舉如下：

- **一九六六年十月至次年十月：**爆發了南北韓非軍事區衝突。一系列在非軍事區沿線的小規模衝突導致四十三名美軍士兵、二九九名南韓士兵，以及三九七名北韓士兵陣亡，這些一連串的軍事衝突也有「第二次韓戰」之稱。
- **一九六八年一月十七日：**爆發了青瓦臺事件。三十一名北韓特種部隊人員偽裝成南韓士兵，成功越過軍事分界線侵入位在漢城青瓦臺的南韓總統官邸，企圖暗殺當時南韓總統朴正熙。但最後該次任務失敗（見第二十章）。
- **一九六八年十月：**一百三十名北韓突擊隊員攻入南韓江原道的三陟和蔚珍。結果最後該突擊隊有一一〇人陣亡、七人被俘以及十三人成功逃脫。
- **一九六九年十月：**北韓滲透人員在靠近南部邊界的非軍事區槍殺了四名美國士兵。

●一九七〇年四月：在京畿道坡州市發生戰鬥，戰鬥中三名北韓滲透者皆被擊斃，另外還有五名南韓士兵受輕重傷。

●一九七四年十一月：第一條北韓祕密在非軍事區下挖掘的滲透隧道被發現，但在探索該隧道時韓美聯合調查隊誤中詭雷，兩人當場炸死（包括一名美國人），另有六人因此輕重傷。

●一九七五年三月：第二條北韓滲透隧道被發現。

●一九七六年六月：三名北韓滲透人員在非軍事區東段以南和南韓士兵交火，最後三人皆遭擊斃，另有六名南韓士兵陣亡、六名受傷。

●一九七六年八月：爆發板門店事件。美軍在板門店附近的「共同警備區」（ＪＳＡ）裡砍伐楊樹時，遭到北韓軍人的攻擊，其中兩名美軍軍官被斧頭砍死，另外有四名美軍士兵和五名南韓士兵受輕重傷，北韓方面的傷亡人數與此相仿。美軍曾出動 B-52 轟炸機及F-4幽靈式戰鬥轟炸機威懾北韓。

●一九七七年七月十四日：一架 CH-47 運輸直升機誤入了北方非軍事區後遭到擊落，三名機組人員死亡，另有一人存活遭俘虜。這也是自停戰協定簽定以來，第六起類似的事件。

●一九七八年十月：第三條北韓滲透隧道被發現。

●一九七九年十二月：一支美軍巡邏隊無意中越過了非軍事區，在軍事分界線內又闖入北韓所埋設的雷區。地雷爆炸後導致一名美軍士兵喪生，另有四人受輕重傷。

- **一九九〇年三月：**第四條北韓滲透隧道被發現。美國與南韓軍方估計類似的滲透隧道在非軍事區應該還有十七條左右。
- **一九九二年五月：**三名穿著南韓制服的北韓滲透人員在江原道北部的鐵原郡被擊斃，另外還有三名南韓人受傷。
- **一九九四年十二月：**一架 OH-58 偵查直升機闖入北韓境內將近十公里後，遭北韓軍方擊墜。
- **一九九六年五月：**七名北韓士兵越過非軍事區，但在南韓軍隊進行警告射擊時撤退回北韓。
- **二〇〇〇年十月：**兩架美軍飛機在觀察南韓軍隊的軍事演習時，越過了非軍事區。
- **二〇〇九年十月：**一名遭南韓通緝的豬農穿過非軍事區圍欄的破洞叛逃到北韓。
- **二〇一二年十月：**一名北韓士兵向南跨越軍事境界區，進入韓國陸軍陣地要求投誠，被稱為「敲門歸順案」。
- **二〇一七年十一月：**北韓士兵吳青成駕駛吉普車進入板門店逃亡，逃亡途中被北韓軍槍擊七槍受重傷，之後被南韓軍緊急送往醫院開刀急救，經治療後康復出院，現居住於首爾。
- **二〇二二年一月一日：**一名北韓運動員於二〇二〇年十一月穿越江原道非軍事區脫北向南韓投誠後，於二〇二二年元旦從江原道穿越非軍事區脫南返回北韓。

另外有許多較輕微的事故過於繁瑣並未列入。

停戰近七十年來，南北兩方在非軍事區的各項安全措施隨著科技進步日益加強。所以任何一方或有特殊原因的個人（如二〇〇九年的南韓豬農及二〇一七年的北韓逃兵），想要闖入非軍事區大概都會被己方及對方察覺，而如果要更進一步跨越對方的防線，可說是難如登天。但百密總有一疏，上述諸多事例就證明，人為的邊界再嚴密防守總會有漏洞。

非軍事區上空是沒有阻攔的，但是飛行物不論是誤闖或故意進入，極有可能會被對方的飛彈或槍砲擊落。而挖掘隧道穿越非軍事區鐵絲網及地雷區以下的土地，是比較不容易被發覺的。北韓穿越非軍事區滲透到南韓的企圖一直很強烈，他們所挖掘的隧道截至目前共有四條被聯合國軍所發現，甚至被安排成為觀光景點，觀光客還可進入北韓隧道體驗。作者於二〇〇四年首次前往南韓旅行時，即曾前往非軍事區搭乘小臺車及走一小段觀賞北韓軍的傑作。聯合國軍認為在非軍事區內應該還有十幾條類似的隧道尚未被發現。

南韓除北面是非軍事區外，東南西三面環海，海岸線綿長，北韓也不時派遣潛水艇載送特種部隊至南韓各地登陸製造騷亂。其中一例為金泳三（南韓第十四任總統）於一九五四年首次當選國會議員開始在政壇上嶄露頭角，一九六〇年五月一股北韓特種部隊潛入巨濟島東北角一個漁村進行刺探，金泳三的母親不幸在自宅內遭北韓軍人槍擊身亡。

朝鮮半島被非軍事區攔腰分成南北兩半，而大約四公里寬且綿延兩百多公里的兩道高聳鐵絲網，不僅分隔了南北韓近七十年，也意外地造成世界唯一的「戰爭自然保護區」。全世界只有這個地帶，兩三千年來的農業活動突然中止，物種可以在沒有人類的干擾下自由發展。

近七十年來，儘管雙方仍經常爆發衝突，但非軍事區內的生物卻免受人為破壞，一切回歸自然。據調查，非軍事區至少有四千種動植物棲息，不乏丹頂鶴等珍稀候鳥，甚至白頂鶴、黑頸鶴、禿鷲、大白鷺、鵰等朝鮮半島罕見鳥類也常能看見。一直被認為已絕種的山羊、全球僅剩一千六百餘隻的黑面琵鷺，也在此「生態樂園」存活下來繼續繁衍。半世紀來僥倖存活的動物，已學會如何在地雷和火燒中求生存。就好像都市裡的流浪狗懂得如何走過繁忙交通的路口，非軍事區的動物也已逐漸適應戰爭產生的特殊環境。

朝鮮半島非軍事區內特殊的生態環境讓動植物生長茁壯，這是要感謝戰爭嗎？

◆ ◆ ◆

南韓在非軍事區以南，由東至西陸續設立有十處展望臺，供遊客瞭望北韓境內的情形，以示對和平統一之渴望。最東的展望臺是位於江原道高城郡的高城統一展望臺。最西的則是位於仁川廣域市江華郡江華島的平和展望臺。該二處最東及最西的展望臺因交通不便，較少觀光客問津。離首爾僅數十公里的都羅山、烏頭山及板門店、臨津閣展望臺等地則是熱門景點，觀光客大多在首爾參加一日遊前往，絡繹不絕。這些成為熱門觀光景點的展望臺及鄰近商家，通常也會販售附近所產的農產品或紀念品，可以說是靠非軍事區發了戰爭財。

除了上述展望臺，南韓也在非軍事區鄰近地區發展了觀光事業，其中最有名的應該是江原道春川市的南怡島。南怡島是座位於江原道春川市與京畿道加平郡間，因為修建青平水庫時河水淹沒而形成的半月形小島，面積約十四萬坪，周長五公里。南怡島原本籍籍無名，二〇〇二年由於尹錫鎬製作，裴勇俊、崔智友、朴龍河、朴素美等人主演的膾炙人口的電視劇《冬季戀歌》，在該地拍攝三十餘次外景後一夕成名，吸引了大量的觀光客前往旅遊，可以說是韓國最受歡迎的旅遊勝地之一。南怡島位於首爾以東約六十公里，車程約一小時，島上種滿各種美麗又高大的樹木，鬱鬱蒼蒼，還有許多有趣的娛樂休閒設施，山光水色，四時皆美。

位於江原道西北部的華川郡與非軍事區接壤，人口稀少，水質清澈，適合養殖鱒魚（當地稱山川魚）。華川郡自二〇〇三年起，每年冬季舉辦華川山川魚節，吸引無數的遊客前往，享受在冰上鑿洞釣魚的樂趣。華川郡每年冬天舉行的鱒魚節慶典曾被美國CNN以「冬季七大奇蹟」介紹。作者也曾於二〇一二年一月前往華川，體驗在冰天雪地鑿洞釣魚的滋味。

其實南韓非軍事區地帶最美麗、最特別也最有趣的風景區，非江原道高城郡花津浦莫屬。花津浦原來是高城郡的一個海灣，後來被沙洲封閉而形成了潟湖，周長十六公里，是韓國東海岸最大的自然湖泊，其名取自於湖邊海棠花盛開之意，每逢秋天就有天鵝等候鳥飛來，是一處候鳥棲息地，一年四季都有大批遊客前來遊玩度假，南韓轟動一時的電視劇《藍色生死戀》及許多電影，均曾在此拍攝。

花津浦最特殊的是同時存在北韓前領袖金日成及南韓前總統李承晚及副總統的別墅。何以有這種現象發生？因為花津浦一帶位於北緯三十八度線以北，二次大戰結束前的雅爾達密約中，美國與蘇聯達成協議以三八線為界分別占領朝鮮半島南、北，所以該地在二次大戰結束後屬於北韓。一九四五年朝鮮半島南北分治後，北韓領導人金日成就在花津浦這風景優美的地方興建別墅。其子金正日（北韓第二代領導人）亦曾在該別墅度過童年暑假。韓戰爆發後，南北雙方沿三八線攻防進行拉鋸戰，花津浦一帶慘遭戰火蹂躪，一九五三年雙方停火時，花津浦地區落入南韓手裡。停戰後南韓當時的總統李承晚及副總統先後在花津浦興建別墅，於是形成南北韓領導人在同一地點興建別墅的奇怪現象，也顯示出花津浦風景之美魅力無限。

除了金日成與李承晚的別墅，花津浦也有一座南韓副總統的別墅。南韓有副總統（副大統領）嗎？有的。南韓於一九四八年獨立建國後就有副總統。第一任副總統為李始榮，依序為金性洙、咸台永、張勉、李起鵬。一九六〇年四月韓國因為選舉弊端而發生四一九學生運動，李起鵬自殺。經修正的憲法廢止了副總統的設置。

前往花津浦要沿江原道海岸公路向北行，過了東草市之後不久，有一塊大看板提醒你已越過三八線。繼續往北行不久就會抵達花津浦。離開花津浦之後再繼續往北行就可以抵達南韓非軍事區最東邊的高城統一展望臺，這裡也是南韓領土的最東北角。

◆ ◆ ◆

兩韓以非軍事區為背景的電影不少。二〇二二年，一部描述南韓軍人中了大獎的彩券不小心被風吹走並飛越非軍事區，為北韓軍人撿到而引起爭奪的《樂透大作戰》，則是屬荒謬搞笑的作品。

江原道高城郡統一展望臺由南韓陸軍建於 1983 年，位於南韓最東北角。韓國名山金剛山距離統一展望臺約 16 公里至 25 公里。登上統一展望臺可以看到金剛山的海金剛和周圍的島嶼等。統一展望臺是南韓與北方最近的地方，這裡的遊客有很多是戰爭時離開家鄉的失鄉民和離散家屬。（作者攝）

統一瞭望臺可以遠眺北韓境內金剛山的海金剛和周圍的島嶼，以及萬物相、玄宗岩等景色。（作者攝）

高城郡花津浦是鄰近非軍事區的一處海濱風景區，景色非常優美。（作者攝）

花津浦金日成別墅。（作者攝）

金日成花津浦別墅階梯展示一張北韓第二代領導人金正日（左二）幼時在該別墅度假的相片，最左是蘇聯軍司令官的孩子。（作者攝）

花津浦李承晚總統別墅展示一張 1953 年 11 月他搭美軍飛機前往臺灣，在松山機場受蔣中正總統率政府要員迎接的相片。（作者翻攝）

花津浦南韓副總統別墅。（作者攝）

非軍事區地帶戒備森嚴。在江原道及京畿道北邊臨接非軍事區，類此軍事設施比比皆是。（作者攝）

與非軍事區接壤的江原道華川郡每年 1 至 2 月舉行華川鱒魚慶典，是南韓國內近年來最熱門的冬季慶典。（作者攝）

一群青春可愛的大學生正快樂地在南怡島上遊玩野餐。這地方離非軍事區不遠，以前韓戰期間，交戰雙方曾在此進行激烈的拉鋸戰。（作者攝）

位於仁川廣域市江華島最北端的江華平和展望臺，建立於 2008 年，是南韓在非軍事區十座瞭望臺中最西及最新的一座，也是唯一在半島以外的展望臺。（作者攝）

江華平和展望臺隔江對岸就是北韓控制的區域。2010 年 3 月的天安艦事件及 11 月的延坪島事件發生地與江華島同屬仁川廣域市，使得世人對這塊角落格外加以注意。（作者攝）

板門店是韓戰開始進行談判的所在地，已有 70 年歷史。擔任警衛的南韓憲兵手握拳頭嚴密監視北韓軍人，氣氛十分緊張。（路透社）

南韓與北韓在非軍事區互相爭逐誰的國旗比較高。（南韓聯合通訊社）

第十七章

南韓臨時首都——釜山

釜山市是南韓第二大城第一大港，在韓國地理、歷史及經濟、貿易、交通上占有重要地位。

釜山市位於朝鮮半島東南端，分隔日本海（韓國稱東海）與對馬海峽（朝鮮海峽），與對馬島及日本福岡相望，是東北亞的一個重要交通孔道。南韓最大河流洛東江自江原道太白市發源後流經慶尚北道、慶尚南道，在釜山西側流入對馬海峽，形成寬廣的三角洲。朝鮮半島主幹太白山脈由北而南延伸至釜山，也造就釜山這個天然良港。釜山面臨大海，屬海洋性氣候。由於西北部的小白山脈擋住了冬季寒冷的西北風，氣候比較溫暖，年平均氣溫為十四℃，全年零℃以下的平均天數不到十天，很少有過熱或過冷的天氣。

西元七五七年，新羅始設東萊郡。一〇〇九年，高麗將其改隸嶺東道，一〇一八年改設東萊縣。一三九七年，高麗在東萊設鎮，由兵馬使兼任判縣事。高麗末年，倭寇開始猖獗，進犯東萊縣及鄰近地區。一四二三年，釜山浦開港，設倭館以便於與日本貿易。一五一〇年，倭館因三浦倭亂[4]而關閉，後於一五九七年重新開館。東萊縣被升格為東萊都護府。一五九二年，慶尚左水營自蔚山開雲浦遷至水營（今水營區水營洞）。壬辰倭亂時期，釜山成為日軍侵略朝鮮的登陸地及經略朝鮮半島的大本營。

一八七六年《江華島條約》簽訂後，釜山浦成為開放港口。日本、中國、英國開始在釜山開設領事館。一八九〇年，朝鮮在釜山設置東萊監理署。一八九五年，東萊府劃歸慶尚南道。一九一四年，東萊府改為東萊郡，東萊府釜山面改為釜山府。日本併吞朝鮮後，一九二五年慶尚南道道廳從晉州遷至釜山。一九三六年，東萊郡的西面、沙下面嚴南里併入釜山。一九四二年，東萊邑、南面、沙下面也併入釜山，使釜山城市區域得到進一步的擴大，釜山市政經地位也越來越重要。

◆ ◆ ◆

韓戰爆發後，美韓聯軍節節敗退，南韓政府先遷至大田，不到兩個禮拜，大田失守，又遷至大邱。至七月下旬，攻勢凌厲的北韓軍又逼近大邱，南韓政府遂再度遷移至半島最東南端的釜山。釜山於該年八月至十月間成為韓國戰時臨時首都。至此，南韓——也就是獨立甫兩年的大韓民國已退無可退，北韓軍要是真打進釜山環形防禦圈，南韓人除了投降就只能跳海了。當時的情況對防禦圈內的軍人、難民及釜山市民來說，真可說是兵荒馬亂、人心惶惶。所幸美韓聯軍在釜山防禦圈穩住陣腳，並於八月間兩度擊退渡過洛東江的北韓軍。

七、八月間美國的援軍及物資開始源源不斷進入釜山港，美韓聯軍在防禦圈內日漸壯大。九月十五日麥帥率領大軍在仁川登陸，防禦圈內的美韓聯軍傾巢而出，由南向北把北韓軍驅趕回他們發動侵略前的所在。九月二十五日美韓聯軍光復漢城，十月一日，韓美聯軍部隊進入北韓境內

4 三浦倭亂，又稱庚午倭變，在日本稱為三浦之亂，指的是一五一〇年四月四日朝鮮乃而浦、釜山浦、鹽浦發生的日本人作亂，後來室町幕府對馬守護直接介入了變亂，但最終被朝鮮平定。

作戰，戰事頗為順利，十月十七日韓美聯軍占領平壤。

漢城光復後，南韓政府決定把首都遷回漢城，於是許多千辛萬苦逃難至釜山的政府公務員就又收拾細軟帶著眷屬回漢城。不久毛澤東決定「抗美援朝」，十月十九日派「人民志願軍」大軍進入北韓與以美國為首的聯合國軍作戰，戰爭情勢丕變。十二月下旬中朝（鮮）聯軍進攻漢城，次（一九五一）年一月五日漢城再度失陷。於是釜山於一九五一年一月再度成為南韓臨時首都，直至一九五三年八月韓戰結束。

韓戰爆發後，大量難民、政府公務員和眷屬，以及撤退的韓美聯軍突然蜂擁而至釜山，接著增援的美軍與各項大量物資又湧入釜山港，缺乏水及食物，顛沛流離的難民一時也難以找到棲身之所，當時釜山的混亂情形不難想像。南韓政府短暫遷回漢城後，不到兩個月又倉皇回到釜山。隨後美韓聯軍在釜山設立俘虜營容納大批中國及北韓俘虜，使得釜山更加混亂。但是韓戰後來的戰事發展大致都在漢江以北進行，釜山反而遠離戰火，成為戰爭期間真正的避難所。

這些歷盡艱辛逃到釜山的難民多數在釜山舊市區（現今東區、中區、西區一帶）用木板搭蓋簡陋的棲身之地，他們通常會在「四十階段」[5]這個人來人往的交通孔道地標尋找失散的親友、打探故鄉的消息。他們也可在這個地區購買物品，或出售各種簡單食物及用品，甚至倒賣救濟物資及買賣美金的販子等等也在此聚集牟利，因此四十階段在韓戰期間成為釜山最熱鬧的一個角落，其後也成為釜山市民所熟悉的地方。直至今日，四十階段附近巷弄間還可以看到一些上了年紀的阿珠媽（大嬸）對路人含笑交頭接耳。沒錯，她們正是在進行一種古老的交易——買賣美金。但是這種韓戰以來就存在的行業受到時間及經濟發展的淘汰，將很快消失在釜山街頭。

釜山市於一九八〇年前後將這些居住在木板房的難民遷移安置至海雲臺等地區，四十階段於是脫胎換骨成為一個乾淨整齊且熱鬧繁華的區域。釜山市於一九九三年重新修建四十階段，樹立紀念碑，成立四十階段文化館，並且於每年農曆正月十五舉辦四十階段文化慶典。二〇〇四年又請知名藝術家製作幾組描繪當時苦難生活的銅雕，佇立在幾個角落，並將附近街道重新整頓，各種設計力求仿古懷舊，使得四十階段一帶現在成為一個非常有特色又熱鬧好玩的區域。

在四十階段的中間，有一個栩栩如生的「拉手風琴的男人」雕像，他演奏的是〈慶尚道姑娘〉（경상도 아가씨），一按下他背後箱子的按鈕就會娓娓演奏起來：

사십 계단 층층대에 앉아 우는 나그네
坐在四十階段上哭泣的流浪人
울지 말고 속 시원히 말 좀 하세요
請你不要哭，痛快地說出心中話

5 釜山市中央洞地鐵站往東光洞方向，有一段四十階的石梯連接著平地與小山丘，當地人稱之為「四十階段」。

피난살이 처량스레 동정하는 판자 집에
同情凄涼逃難生活，住在木板屋的
경상도 아가씨가 애처러워 묻는구나
慶尚道姑娘同情的問起
그래도 대답 없이 슬피우는 이북 고향
卻仍然默默無語、哀傷地哭泣，北方的故鄉
언제 가려나
何時能歸去

고향길이 틀 때까지 국제시장 거리에
直到能夠回故鄉，即使在國際市場街頭上
담배장사 하더라도 살아 보세요
賣香菸，也請你堅強的活下去
정이 들면 부산항도 내가 살던 정든 산천
久而久之，釜山港也是你溫馨的家鄉
경상도 아가씨가 두 손목을 잡는구나

慶尚道姑娘握住雙手
그래도 뼈에 맺힌 내 고장이 이북 고향
但是那入骨的思鄉之情，北方的故鄉
언제 가려나
何時能歸去

영도다리 난간 위에 조각달이 뜨거든
當影島大橋欄杆上升起彎月
안타까운 고향애기 들려 주세요
請你告訴我故鄉的情形
복사꽃이 피던 날 밤 옷소매를 부여잡든
宛如桃花盛開之夜揪住衣袖
경상도 아가씨가 서러워서 우는구나
慶尚道姑娘悲哀的哭泣
그래도 잊지못할 가고싶은 이북고향
難以忘懷的北方的故鄉

언제 가려나
何時能歸去

我派駐釜山期間經常經過四十階段，每次走過我都忍不住要按一按雕像背後的按鈕，聆聽這位大叔演奏這首極為感人的歌曲，並且邊聽邊閉目想像這個因為戰火而逃離家鄉的遭遇。釜山市原屬於慶尚道，一九二五年慶尚道廳遷移至釜山，所以韓戰期間自北方逃難到釜山的難民，稱當地的姑娘為「慶尚道姑娘」。

臨時首都紀念館座落於釜山市西區富民洞景武臺，該建築於一九二六年落成，作為慶尚南道知事官邸。韓戰爆發後，釜山成為韓國臨時首都，這裡也就成為當時李承晚總統的官邸，直至韓戰結束。一九八四年該建築被改為臨時首都紀念館，歷經幾次整修復建，補充一些文物展品。臨時首都紀念館花木扶疏，環境清幽，參觀此處有助於瞭解韓國臨時政府及李承晚總統的事蹟。

◆ ◆ ◆

位於釜山市中區草梁的中國城，自十九世紀末以來便是釜山華僑聚集的區域，就在釜山火車站正對面，交通頗為便利。中國城內有許多山東華僑經營的中國餐廳，每到用餐時間，食客熙來攘往十分熱鬧。

中國城內還有釜山華僑小學及華僑中學。一九五〇年六月韓戰爆發，漢城華僑初級中學師生避難來釜，校務陷入停頓。次年中華民國駐韓大使館聘請旅韓各地區華僑領袖合組董事會，並派大使館一位主事兼代校長，覓定下端山麓（現釜山東亞大學下端校園），披荊斬棘，搭建帳幕五架充當教室，始能弦歌不輟。

一九五一年七月學生增至一百三十七名。入冬之後，大使館決定在釜山舊領事館興建僑中大廈。當時學校中帳幕因飽經風雨，破碎不堪難以繼續上課，乃動員全校師生，築土鋸木，奠基架柱，不旬日即於領事館舊址完成臨時校舍，勉強開課。

新校舍興工，因得中華民國政府及美軍釜山基地援以器材，一九五三年七月，順利落成。時美八軍團司令泰勒將軍、韓國國務總理卞榮泰等蒞校參觀。是年秋，韓戰停火，滯留釜山難民陸續北歸，該校學生半數返回漢城開課。這座在戰火中成長茁壯的學校嗣後更名為「釜山華僑中學」，當年學生二百三十九名共五班，畢業後泰半到臺灣繼續深造。

有「一代腿王」美譽並主演《潮州怒漢》系列電影的武打明星譚道良，即是釜山華僑中學知名校友，他在從影之前曾擔任南韓警察及韓國總統朴正熙貼身保鑣，並為連續三年韓國跆拳道博擊比賽冠軍。臺北「大塊文化出版公司」郝明義董事長也是該校傑出校友。

一九〇一年美國獲授權鋪設自釜山至漢城的鐵路，一九〇五年一月全線開通。同年九月，由日本鐵道開發「釜關連絡船」（부관연락선），經由船隻把鐵路從釜山與九州的下關連接；並開發從漢城到水原、大田、大邱到釜山的路線。到了一九〇八年，隨著京義線的完成，朝鮮半島東南端的釜山至最西北的新義州全線開通，並由急行列車隆熙號（當時大韓帝國皇帝純宗的年號）運行。一九一一年十一月一日開始，列車更可以通往滿洲，成為了一條國際線的鐵路。一九三三年四月一日由釜山至瀋陽之間的國際急行列車開始運行，一九三九年十一月急行列車更延至北京，成為名符其實的「東方特快車」。所以釜山在日據時期的交通地位極為重要，也成為日本侵略中國及東北亞海陸交通的樞紐。

不僅如此，隨著一九三七年七月七日發生的盧溝橋事件，日本開始侵略中國，之後內閣總理近衛文麿於一九三八年十二月發表了「建設東亞新秩序」的聲明，將「確立以日本為中心的亞洲新體制」作為目標。一九四一年七月日本侵略法屬中南半島，同年十二月八日偷襲珍珠港後太平洋戰爭爆發，日本開始全面侵略亞洲。在此情況下，前述「確立新體制」的相關運動便更加興盛，開始產生所謂「大東亞共榮圈」的構想。

在鐵道交通方面也乘著這股風潮，自一九三〇年代後「新東亞建設」與「確立東亞交通權」

等主張開始興起。一九四一年五月設立了針對大東亞共榮圈新交通政策的研究機関「東亞交通學會」，發表了包含以朝鮮半島釜山為起點的南滿洲鐵道、華北鐵道、華中鐵道等，更進一步擴大到全亞洲的龐大鐵道計畫。在一九四二年八月的日本內閣會議中，決定設立以興建東亞及東南亞縱貫鐵道建設計畫為目的的「大東亞縱貫鐵道」計畫，開始實際檢討連結日本本土與朝鮮半島的「朝鮮海峽隧道」之可能性。

在「大東亞縱貫鐵道」計畫成立之前，早有擴張野心的日本於一九三八年二月就發表「中亞橫貫鐵道計畫」。該計畫是沿著被稱為「絲路」中亞區域鋪設鐵軌，由日本占領的釜山為起點，終點為土耳其，目標是成為僅次於西伯利亞鐵路的歐亞大陸橫貫鐵路，可以與德國及義大利兩個軸心國連成一氣。結果，該兩項野心勃勃的計畫在二次大戰終戰日本投降後停頓，只有如作為軍用鐵道完成的泰緬鐵路（如電影《桂河大橋》所敘述）等少數的路線實現，其他計畫幾乎都廢止了。

不論是「大東亞縱貫鐵道」或「中亞橫貫鐵道計畫」，都是以釜山為起點，日本要連接釜山就必須建築「朝鮮海峽隧道」，在終戰前日本就有這項計畫，雖然有許多人批評為不可行或作夢，但是主其事者或支持者都仍不死心。日本總務省於一九三八年決定對日韓之間的海下進行初步測量，而在二戰期間日本政府積極尋求實現該項工程，以便把日本和朝鮮半島連接起來，並最終與亞洲大陸的其他部分連接起來。

朝鮮海峽隧道或稱為日韓海底隧道，是一個設想穿越朝鮮海峽把日本列島和朝鮮半島連接起來的海底隧道工程計畫，東起日本福岡或唐津，西起釜山或巨濟，途中經過壹岐島和對馬島，其最短的直線距離約一二八公里。從一九八〇年代開始，一個日本研究小組開始對該隧道的可能路線進行詳細研究和勘察。一九八八年，日本研究人員僱用一家韓國公司，對巨濟附近海域進行勘察，以便把該地區的地質特徵編寫成文件。二〇〇〇年九月，韓國總統金大中說，必須對這個使整個日本能夠連接到歐洲的「未來之夢」計畫進行評估。日本首相森喜郎接著在首爾召開的亞歐峰會上，建議把該計畫提出來以推動實現，但由於無論是韓國還是日本，都不想將其作為一個正式的雙邊項目提出來而擱淺。

二〇〇八年二月就任韓國總統的李明博表示願意考慮這一計畫。日本的支持者稱「這是一個富有夢想且鼓舞人心的工程」、「我們將把它作為一項和平工程的象徵來推動它」。日本也有政客說，該隧道可以「在某一天使旅客能夠從東京坐火車直達倫敦。」

朝鮮海峽海底隧道計畫截至目前為止可以說還是屬於空談，關鍵是其天文數字的建設費用和可預見的低獲利能力，就像歐洲隧道於一九九四年完工投入運營後的財務狀況一樣。而且韓戰於一九五〇年爆發後，京義線鐵路中斷在南北韓交界的都羅山站迄今。如果耗費龐大的經費興建這個海底隧道而只能通行到非軍事區止步，卻不能連結到亞歐大陸，可以說是毫無商業價值可言。況且，韓國人普遍的仇日情結也是無形的阻礙。所以，只有在朝鮮半島達成和平的前提下，這個夢想才有可能實現。

釜山港是韓國第一大港，2020 年世界第六大港。圖為一艘運行日本福岡與釜山之間的高速水翼船正輕快地經過一艘陽明海運貨櫃輪。（作者攝）

釜山地標釜山塔位於龍頭山公園。作者曾於 2010 年應邀在釜山塔舉辦「韓國之美」寫真個展。（作者攝）

東萊別莊是日據時代的知名餐廳，韓戰初期被改為美軍八軍團副司令官邸。圖為作者邀請東萊區廳長、地方耆老及美軍運輸部隊指揮官餐敘後合影。（作者提供）

2005 年 APEC 高峰會議期間，美國總統小布希之夫人曾前往東萊別莊用餐。（作者提供）

四十階段前的一座苦力雕像訴說韓戰當年生活的艱辛。（作者攝）

四十階段的一座「拉手風琴的男人」雕像演奏〈慶尚道姑娘〉。（作者攝）

釜山忠魂塔前的一座南韓陸海空軍戰士奮力抗敵雕像。（作者攝）

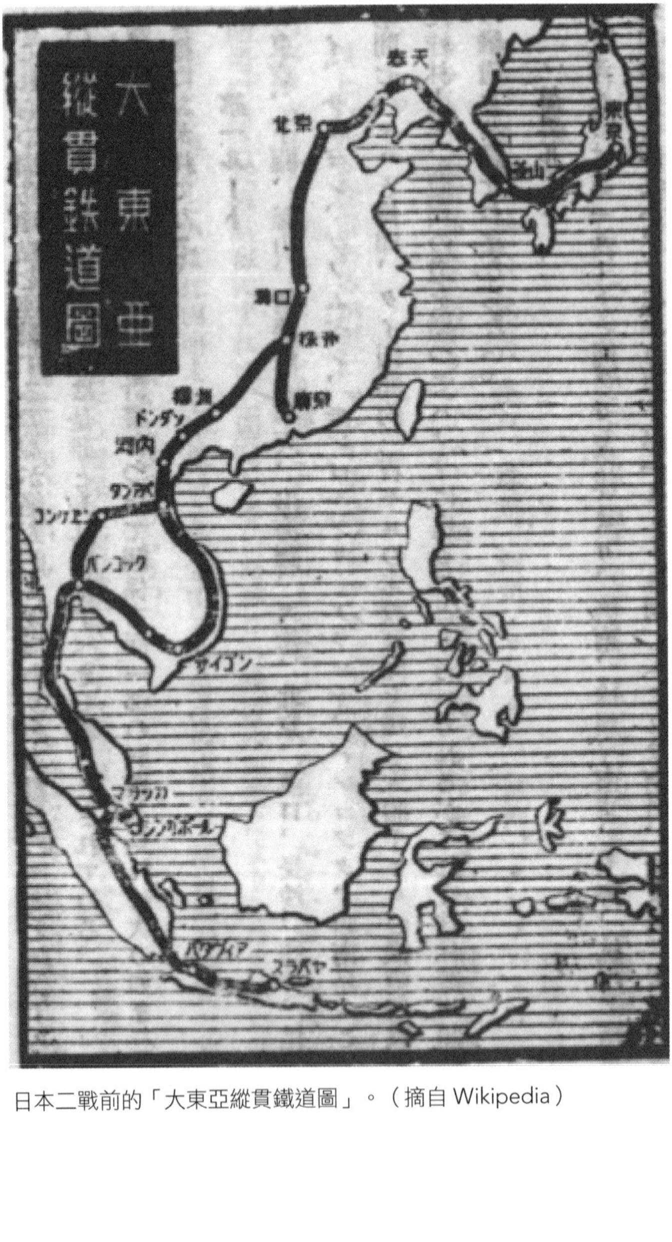

日本二戰前的「大東亞縱貫鐵道圖」。（摘自 Wikipedia）

第十八章

聯合國紀念墓園

位於釜山市南區的聯合國紀念墓園，是世界上唯一的聯合國紀念墓園，裡面有來自十一國共計二千三百名參與韓戰而陣亡的軍人在此長眠。

一九五三年七月二十七日，參與韓戰各方在板門店簽署《朝鮮停戰協定》宣布停戰後，雙方均要求取回被遺留在對方境內的士兵遺骸。聯合國軍方在一九五四年九至十月期間，以約一萬四千具中國及北韓兩國陣亡士兵的遺體，換取了北韓境內四二一九具聯合國軍士兵遺骸，其中二九四四人為美軍士兵。

一九五五年底，南韓主動提供在釜山南區的一塊面積十四公頃的土地安葬及紀念在韓戰中陣亡的聯合國部隊軍人。一九五九年聯合國與韓國就有關事項達成協議，成立「聯合國紀念墓園」（United Nations Memorial Cemetery in Korea; UNMCK）。「聯合國紀念墓園」裡安葬了聯合國參與韓戰陣亡的官士兵，包括澳大利亞、加拿大、法國、荷蘭、紐西蘭、南非、土耳其、英國、美國、挪威及南韓等十一國，共二千三百官兵的遺體。其餘比利時、哥倫比亞、伊索匹亞、希臘、盧森堡、菲律賓、泰國及部分美國和其他國籍的陣亡官兵，則依照各自的習俗運回祖國安葬。

聯合國紀念墓園的設立雖然受到中國與蘇聯等國的反對，墓園在戰後仍由聯合國撥款予轄下的「聯合國韓國統一復興委員會」進行管理，後於一九七三年交由「聯合國紀念墓園國際管理委員會」（CUNMCK）負責，委員會則由十一個有陣亡士兵埋葬於墓園內的國家派代表組成。

聯合國紀念墓園名列釜山十大勝景，墓園裡各種植物繁茂美麗，且整理得井井有條，絲毫沒有一般墓園的陰森之感。前往該處可緬懷當年來自世界各國的青年離鄉背景戰歿異國的緣由與事蹟。一人一墓碑，每個墓碑都按照陣亡者的信仰，如基督教、天主教、猶太教、伊斯蘭教等宗教來設計。南韓政府則派有一隊陸軍士兵負責該墓園的安全與秩序。

二〇〇七年，聯合國紀念墓園被南韓政府文化財廳指定為第三五九號歷史遺跡，後來因鼓勵韓國人民更為親近此一具有重大意義的地方，故改名為「聯合國紀念公園」。二〇一一年，時任聯合國祕書長的潘基文（南韓籍）在演講中將其形容為世界上唯一一座「聯合國墓園」。

我於二〇〇七年七月抵達釜山擔任總領事，自二〇〇八年起每年的六月二十五日都會應邀出席在聯合國紀念公園的韓戰（南韓稱六二五戰爭）紀念儀式。通常是由釜山市長主持，儀式莊嚴肅穆，在軍樂演奏之下，市長帶領與會貴賓、領事團及各界代表一一前往各國墓碑，獻花給這些為維護自由民主而在朝鮮半島犧牲的各國軍人，崇敬緬懷之心不禁油然而生。

除了每年的紀念儀式，每有臺灣來的貴賓訪問釜山，我也會陪同他們前往聯合國紀念公園參觀，因而認識了當年的加拿大籍主任Leo G. Demay。熟識之後，他告訴我一段感人的故事：

> 他的媽媽 Helene 認識 Andre Regimbald 時，兩人各只有十三歲與十七歲，Helene 在Andre 家受雇當褓姆，照顧 Andre 幼小的弟弟。Helene 工作結束後，當時正在接受軍事訓練的 Andre 如果有空總是會陪她走一段路回家，於是兩人日久生情。三年後，也就是一九五二年，韓戰正激烈的時候，Andre 的部隊奉調自魁北克出發前往朝鮮半島加入聯合國軍抵抗侵略，而此時 Helene 恰好也懷孕了，Andre

向 Helene 承諾他一定會回來。

一九五二年九月，Andre 的部隊登陸後立刻被派往漢城以北的三五五高地，即加拿大陸軍負責的防線。Andre 剛進入陣地之後不久，敵軍即開始對三五五高地進行砲轟，很不幸地，剛滿二十歲的二等兵 Andre 被一個砲彈爆炸擊中，當場陣亡。那時還在媽媽肚子裡的 Leo 也就成了遺腹子。

Leo 出生後由媽媽獨自撫養長大，他在五十幾歲退休後，便自願到釜山擔任聯合國紀念墓園的主任，以陪伴他長眠在此且未曾見過面的父親。

Leo 對我訴說時的神情語調平和自若，但是我聽他講述這段往事，以及此後每次想起這段戰爭所造成的悲劇，都忍不住一陣鼻酸。

聯合國紀念墓園入口莊嚴肅穆。（作者攝）

聯合國紀念墓園內懸掛參與韓戰的聯合國軍的各國國旗。（作者攝）

陣亡的各國軍人一人一墓。（作者攝）

Leo Demay 在他父親的墓碑前表達思念。
（https://i.cbc.ca/1.2420418.1384183837!/fileImage/httpImage/image.jpg_gen/derivatives/original_1180/close-to-his-father.jpg）

加拿大區的紀念碑雕像基座上刻著「永遠不會忘記你　勇敢的加拿大男兒」。（作者攝）

第十九章

南韓與北韓分別派軍參加越戰

南韓不僅是靠越戰發了戰爭財，在軍事方面，美國也承諾要支持南韓的軍事現代化計畫，而南韓軍隊亦因為參戰而取得實戰經驗。

南北韓於一九五三年七月停戰後，朝鮮半島大致呈現平靜的局面，而中南半島則於一九五五年法國撤退之後，由美國陣營支持的南越與由蘇聯支持的北越之間的戰爭愈演愈烈。多年沒有戰爭的南韓軍方開始有了派軍到越南參戰的想法。

軍人出身的南韓總統朴正熙於一九六一年十一月訪問美國，與美國總統約翰．甘迺迪會談時，曾以「共產侵略越南共和國，成為對韓國安全的重大危機」為由，表達了出兵的意願，但美國方面認為時機不成熟，僅表示會加以考慮。在甘迺迪遭暗殺後，一九六四年五月繼之上臺的林登．詹森（Lyndon Johnson）政府開始尋求其他反共國家的協助，一起對軍政局勢不穩的南越提供支援，而獲得了南韓等國的響應。

南韓對越派兵的動機，可分為外交、經濟及國防的三方面考量。在外交上，藉由支援美國的越戰政策而強化了韓美關係；經濟與國防方面，意在換取美國經濟援助，解決外匯短缺的困境、推動韓國經濟發展和軍隊現代化，甚至使美國暫緩駐韓美軍的裁減。

◆　◆　◆

在接到美國對派兵前往越南的請求後，南韓於一九六四年九月派遣第一波赴越南的非戰鬥單位從釜山出發，包括移動外科醫院的一三〇人，加上跆拳道教官團的十人。

一九六四年八月二日，美國與北越在北部灣（東京灣）事件中爆發了海上武裝衝突，進而導致了越戰全面升級，美軍在越南的戰事吃緊而需要更多支援。同年十二月十八日，詹森總統親筆致信朴正熙總統，希望南韓能調派部隊支援。一九六五年一月，南越政府要求第二次派兵的信也送到了韓國政府。隨後，南韓國防部指派駐屯在江原道的第六步兵師組織了一支以工兵為主的二千人軍事援助團，於三月十六日到達西貢。

南韓第二次派兵之後，越南戰爭的局勢持續激化。一九六五年三月，南韓駐美大使向美方表示韓國政府願意派遣更多部隊前往越南。該年五月十七日起於華府舉辦的韓美高峰會議中，雙方達成了「派兵上限五萬人」、「美國支援韓國軍隊現代化」、「修改《韓美防衛條約》中對北韓侵入時美國出兵的規定」、「美國替赴越韓軍提供裝備及物資」等協議。南韓遂決定第三次派兵赴越。國防部選擇了陸軍首都師與海軍陸戰隊第二旅作為派遣軍，並分別命名為「猛虎」與「青龍」，九月二十五日創立了駐越南韓國軍司令部，由猛虎部隊的少將師長蔡命新（後升為中將）擔任司令。從釜山搭乘軍艦啟航的青龍部隊於十月前往南越，接著進駐金蘭灣基地；自仁川出發的猛虎部隊也於十一月到達南越歸仁。這梯次的派兵為數接近一萬八千人，是南韓戰鬥部隊首度介入越戰。

至一九六五年底時，美軍已經在越南投入了超過十八萬人的兵力，但詹森政府考量到美國人民反戰情緒高漲及實際層面的困難等各方面因素，轉而在一九六五年十二月時主動地向韓國要求了進一步的派兵。在第三波出兵後，美國副總統韓福瑞於一九六六年一月及二月兩度造訪南韓，旨在促使韓國的第四次派兵。韓福瑞還在記者會上誓言保證美國對南韓國的支持。之後，美方制定了對韓經濟、軍事等支援政策的備忘錄，韓國依據該備忘錄及二月二十三日時收到的南越政府增兵請求書，同意追加派遣陸軍第九步兵師「白馬部隊」、猛虎師第二十六步兵團及支援部隊共二萬餘人。四月十九日第二十六團從歸仁登陸，十月八日第九師也進駐到慶和省。

自一九六五年至一九七三年，南韓每年大約派四萬八千人赴越南參戰，前後總計約三十二萬人次。南韓軍參與越戰期間共陣亡五〇九九名，負傷一萬一千餘名。但是這些南韓軍人的死傷替南韓經濟注入了催化劑。一九六五年到一九七二年間，南韓從美方獲得有關出兵越南的款項共計十億二千二百萬美元，而其中的百分之七十二是勞工及駐越軍人薪酬的匯款，以及當地韓國企業在貿易之外的收入，當中主要來自承包美軍的物資運輸、公路修築、港灣疏濬等，也使將近一萬九千名韓籍技術者及勞工南下越南。

南韓不僅是靠越戰發了戰爭財，在軍事方面，美國也承諾要支持南韓的軍事現代化計畫，而南韓軍隊亦因為參戰而取得實戰經驗。美國在越戰中為南韓軍提供了裝備與訓練的支援，以及多種美製新式武器，而韓軍的火力、作戰機動程度與通信也大有改善。所以，南韓派兵參加越戰真是「一石數鳥」啊。

作者派駐南韓六年期間，司機都是同一位韓國籍的李先生，他年輕時服役於海軍陸戰隊（南韓稱海兵隊）青龍師，也曾派赴越南作戰。他經常告訴我他在越南時的各種經驗，並且說他在越南服役時每個月領薪餉五十美元，這在當時的南韓已經是非常好的待遇。有一次我好奇地問他在越南打死過幾個越共？他回答說他在越南期間都沒開過槍，因為他是只待在營區內的憲兵。

◆　◆　◆

一九五〇年一月三十日，北韓承認越南獨立同盟（越盟，越共前身）領導成立的越南民主共和國（北越），北越則牽制中南半島的法軍以阻撓法軍增派部隊至朝鮮半島以為回應。同年十月二十五日，在北韓正處於抗美戰爭最危險的時刻，越盟與北韓互派大使並互設立大使館，雙方新任大使都是在防空洞和掩蔽山洞裡遞交國書。

朝鮮半島南方的對手派軍前往越南參戰，北韓當然會不甘寂寞而向同屬共產陣營的北越提供相關支援。越戰期間，北韓提供北越人民軍所用火砲、運輸車輛、被服等物資。北韓也應北越要求，向北越派遣一百餘名心戰和地道專家，配合北越抗美戰爭。

一九六六年北韓向北越提議派遣空軍飛行員赴越以「援越抗美」。該年九月北越與北韓磋商並達成了協議，雙方同意從一九六六年十月起，北韓向北越米格第十七中隊分三次派出「專業官兵」，北韓派遣的空軍接受北越空軍司令的指揮。

北韓依照雙方協議，向北越派遣的首批十架米格十七戰鬥機及其飛行員、地勤機械師，經中國雲南蒙自抵達河內嘉林機場。一九六七年北韓又追加派遣數批戰機。先後到達北越的北韓空軍飛行員，既負責培訓北越飛行員，同時還直接參加戰鬥。越戰期間，北韓向北越派遣了約八百名空軍和工兵專家，其中八十餘人在中南半島戰場陣亡。共產世界資訊較不透明，根據近兩年越南的說法，自一九六六年至一九六九年，共有八十七名北韓飛行員參戰，擊落美機二十六架，本身陣亡十四名。越南媒體還播出在河內近郊有十四座北韓飛行員墳墓的畫面。

北韓派遣米格機連同飛行員赴越參戰，應該也是「一石二鳥」的策略。蘇聯「老大哥」提供多少經濟及軍事上的回報及飛行員的報酬不得而知，但是北韓飛行員在北越上空，對抗美國飛機可以累積飛行時數與磨練戰技則是可以確定的。

南韓派軍參加越戰都是地面戰鬥部隊，其活動範圍應該都在北緯十七度線非軍事區以南；北韓軍則沒有派地面戰鬥部隊赴越，而且北韓米格機及飛行員的作戰範圍應該僅限於北越領空；所以北韓與南韓雖然都派兵力參加越戰，但是雙方應該沒有直接遭遇的機會。否則南韓及北韓軍人從朝鮮半島打到中南半島，韓戰與越戰的歷史可能為之改寫。

◆ ◆ ◆

越戰期間越共經常藏匿在越南鄉間村落並伺機攻擊美國及盟軍部隊。這些越共與當地居民講一樣的言語、穿著服飾也相同，美國與盟軍部隊難以辨識，因此經常傳出整個村落遭美軍焚毀或屠殺的事件。在越南作戰的南韓部隊也有類似的情形，一九九九年經南韓週刊《韓民族21》報導〈韓國軍隊在越南大肆屠殺老幼婦女〉一文中公開後，才逐漸為韓國人民所知。該文作者為一九九二年起在越南留學的歷史研究生具秀姃（구수정）。具女士根據長期的調查，包括對村民的訪問，認為越戰時在南韓軍手下的遇害者約有九千人之多。南韓軍在越南涉及的屠殺事件包括了太平村屠殺、河美屠殺、長丘屠殺、平和屠殺、平泰屠殺、西榮屠殺等。這些事件在朴正熙當政時期，甚至是在全斗煥、盧泰愚兩位同樣在越戰時當過部隊指揮官的總統任內都沒有公開過。

此外，越戰期間所出生的韓越混血兒也是南韓軍在當地遺留的一項問題。這些為數估計上千，甚至超過一萬人的族群，大都是與越南母親一起遭南韓生父（派到越南的士兵或工人）拋棄，經常受到越南人歧視。另外，截至近年尚有約八百名遭強姦的越南女性在世，而南韓對此尚無任何形式的和解方案。近年來因為受到伊斯蘭國性奴役事件及 metoo 運動日漸活躍的影響，南韓在越戰的性暴行在歐美逐漸受到更多關注。日本政界亦藉機指出日韓兩國皆有慰安婦的過去，日韓皆應道歉。

至一九九〇年代，南韓和越南社會主義共和國在準備於一九九二年建立邦交關係的當時，約好不提起南韓參加越戰等歷史問題。河內對於漢城提出之「（南韓派兵越南）在冷戰體制下是不可避免的事情」的善意意見交換也表示同意。河內當時的立場是「作為戰勝國，沒有必要非得接受韓方的道歉」。一九九八年，南韓總統金大中在任內訪問河內時，才首次對於韓國出兵越南期間「並非出於本意，卻對越南人民帶來的傷害」公開表示了非正式的致歉，他還表示南韓會支援越南的發展。二〇〇一年八月，越南國家主席陳德良訪韓期間，金大中總統亦官方性的以「我們參加了不幸的戰爭，並且與本意相違地給越南國民增加了苦痛，對此深表歉意、撫慰亡者。」展示了更深一步的道歉。

此外，南韓有許多參加越戰的退伍軍人，也因為進入過被美軍噴灑了枯葉劑的地區行動，而對健康構成傷害。在越戰後約有十萬人為橙劑的後遺症所苦。

南韓進入二十一世紀後經濟快速成長，社會更加富裕，女性多半不願意待在農村或漁村過辛苦的生活，因此南韓找不到配偶的適婚男子就開始向外國尋找結婚對象。過去二十年來，南韓每年都有二萬至四萬件的跨國婚姻，而其中約有三成是來自越南的女性嫁到南韓。這些被韓劇裡南韓富裕的生活及「歐爸」所吸引的越南女性，嫁到韓國之後卻有相當比例遭受家庭暴力。眾所周知，韓國男性比其他國男性更為「大男人主義」，結婚之後外籍妻子受到歧視與虐待，甚至暴力相向的情事層出不窮，甚至還有越籍妻子遭到韓國丈夫殺害等駭人聽聞的情形，韓國新聞媒體也經常報導此類事件。

大約是二〇〇七年，也就是作者抵達釜山任職那年，南韓第一大報《朝鮮日報》社論表示，越南國家主席阮明哲在接受南韓新任駐越南大使呈遞到任國書時表示，請南韓政府和有關人士幫助嫁到南韓的越南新娘過得美滿幸福。由國家元首在正式外交場合中提出，顯示越南新娘嫁到南韓後的問題確實非常嚴重，也使得南韓與越南關係更加錯綜複雜。

自越南與南韓於一九九二年十二月建立外交關係以來，雙方在貿易投資等領域的合作獲得許多顯著成果。在貿易方面，南韓為越南第二大夥伴，越南則是南韓第四大夥伴。截至二〇一九年，南韓企業投資總額達到六百餘億美元，占越南外國直接投資總額的十九％，為越南最大的外國直接投資（ＦＤＩ）來源國。目前約有七千家南韓企業在越南投資，僱用七十餘萬名勞工。所以與南韓對越南在經濟發展方面的貢獻相比，前述各項問題好像都變得無足輕重了。

越南在近年經濟發展迅速，市區建築常可見新舊並陳的景觀。圖為胡志明市一景。（作者攝）

作者在胡志明市街頭留影。（作者提供）

第二十章

青瓦臺事件、普韋布洛號事件與實尾島事件

北韓在非軍事區一連串的挑釁行動，尤其是青瓦臺事件明顯地是以朴正熙為目標的「斬首任務」，震動南韓上下，要求報復北韓的呼聲不斷高漲。朴正熙於是順勢對北韓進行報復。

一九五三年韓戰交戰各方簽訂停火協定之後，隔著非軍事區對峙的南韓與北韓之間大致維持平靜的狀態，但是實際上北韓對南韓的滲透活動始終沒有停過。一九六六年十月至次年十月就爆發了南北韓非軍事區衝突，一系列在非軍事區沿線的小規模衝突，導致四十三名美軍士兵、二九九名南韓士兵，以及三九七名北韓士兵陣亡，這些一連串的軍事衝突也有「第二次韓戰」之稱。這可能跟南韓在當時抽調四萬餘名兵力至越南有關。北韓領導階層可能也在謀劃要來一次致命性的行動，也就是「斬首行動」，造成南韓群龍無首，引發社會大亂，讓北韓得以趁機發動大規模的攻擊，可謂一舉數得，達到摧毀南韓政權以統一朝鮮半島的目標。

北韓於一九六八年一月下旬派遣一支特攻隊穿越非軍事區，潛入南韓進入首都漢城市區，企圖偷襲南韓總統府青瓦臺，但是行跡可疑被南韓警察識破，於是遭防衛首都的南韓軍隊圍捕，北韓的「斬首行動」終告失敗，被稱為「青瓦臺事件」或「一二一事件」。

青瓦臺事件對朝鮮半島情勢有重大影響，極可能觸發原本即已高度緊張的南北對峙關係。但是當年南北韓雙方對外均不透明，所以外界對此一事件可說是一知半解。後來南韓實施民主化，經過媒體積極探索拼湊，外界才更加瞭解事件的全貌。

◆

◆

◆

北韓自一九六七年六月起，至次年十二月底止，在北韓軍第一二四部隊的基地，祕密組訓了一支人數三十一人的特戰攻擊部隊。他們接受的訓練項目分成兩階段，第一階段主要包括：射擊、柔道、跆拳道、刺殺、格鬥、地形分析及一般戰術課程。第二階段的課程從一九六八年一月三日到十五日止，朝鮮當局在東岸的元山港複製了一處與南韓總統府青瓦臺相同的建築，進行實兵模擬演訓。這三十一名菁英特攻隊員在這處複製基地中，充分熟習青瓦臺重要官員的所在位置、青瓦臺的內部構造、青瓦臺的警備配置等事宜。

這支特攻隊於一九六八年一月十六日按照計畫出發後，順利穿越非軍事區，步行經過結冰的臨津江，進入南韓領土。他們晝伏夜出以避免跟南韓部隊遭遇。經過幾天的移動後，這三十一名北韓特攻隊於二十一日順利進入漢城市區，但是已經比原定計畫延誤數個鐘頭（原訂晚間八時進攻青瓦臺）。

北韓特攻隊於進入漢城市區後分成幾個小組行動。晚間十時許，韓國總統府所在地青瓦臺附近，其中一組六人身穿南韓軍服，腳上卻是黑色膠鞋（因為南韓軍隊沒有配發過這種黑色的膠鞋），引起了站崗警察的注意，便上前盤問。不料這六人見事跡敗露竟先下手為強，拿出衝鋒槍開火，並向正在街上行駛的公共汽車投擲手榴彈，致使公共汽車上多人死傷。負責首都安全的大批南韓軍警迅速趕至，經過激烈的槍戰，擊斃其中的五人，並活捉重傷者一名，但此人在押解途中自殺身亡。

南韓與美軍部隊隨即在首都地區展開大規模的搜捕，南韓軍方第三師機動營協同美軍第二師展開搜捕行動，並由第六軍團切斷北韓武裝人員的退路。自一月二十一日事發至二月三日搜捕行動結束，北韓方面共有二十七名特攻隊人員被擊斃、一名被俘、三名失蹤。南韓方面軍方死亡二十二人、美軍二人、警察二人、平民八十八人，南韓及美軍受傷者共約七十人、平民四人。

大約五十年前的中文版《讀者文摘》書摘曾經刊載青瓦臺事件的經過，作者當時津津有味地讀了四、五次，至今仍記憶猶新。

後來南韓在北韓的廣播中得知，有一名被列為失蹤的北韓特攻隊員順利逃回北韓，他就是後來在北韓人民軍總政治局負責宣傳的副總局長朴在京。

朴在京是北韓咸鏡北道人，金日成軍事綜合大學畢業。青瓦臺事件行動失敗後，僅朴在京一人逃回北韓，成為北韓的「共和國英雄」。朴在京後來在北韓軍中不斷竄升至中將、上將、大將（最高軍階）。南韓後來在金大中擔任總統期間（一九九八～二〇〇三年），實施陽光政策與北韓交好。據南韓媒體報導，朴在京曾於二〇〇〇年九月訪問南韓首都漢城，還帶去了北韓領導人金正日贈送給南韓總統金大中的禮物「七寶山蘑菇」。一個北韓軍人，隨特攻隊成功越過非軍事區，進襲青瓦臺任務失敗後又一個人越過戒備森嚴的非軍事區回到北韓；三十二年後再以北韓最高階軍人的身分光明正大前往青瓦臺致贈北韓領導人的禮物。朴在京真是一個傳奇人物。

青瓦臺事件中，北韓特攻隊成員金新朝少尉在被南韓軍警包圍且彈盡援絕之際，原本欲引爆手榴彈自盡，但天不從人願遭到生擒。金新朝被南韓當局拘押審問一年之後決定投誠，一九七〇年獲得南韓公民身分，目前在首爾市永登浦區新吉洞聖樂教會擔任牧師，已婚並育有兩個孩子。

金新朝數年前曾在一次訪談中提到一件非常有趣的事：

有一次，他的南韓妻子過生日時向他提出一個很特別的要求，即邀請他加入教會作為送給她的生日禮物。金新朝答應了她的要求。加入教會初期，他感覺相當困惑，因為教堂的很多作法與他在北韓的生活很相似。金新朝說：「當人們祈求上帝時，這令我想起在北韓被奉為神明的金日成。當人們說上帝的兒子耶穌時，我立刻想到金正日。『懺悔』一詞也令我想起那共產主義國家所謂的自我批評。捐款好比繳交共產黨黨費。」金新朝不知道共產主義與基督教之間原來有這麼多相似之處。

金新朝現年八十歲（一九四二年生），已經做了二十餘年的牧師，他曾在南韓三百多個教會布道，並在美國、加拿大與澳大利亞的一百多個教堂講述他的生平與信仰。

◆ ◆ ◆

青瓦臺事件讓南、北韓與美國忙得焦頭爛額，但僅隔兩天就節外生枝發生了美國情報船「普韋布洛號」（USS Pueblo）遭北韓俘虜事件。

普韋布洛號原本是一艘美國陸軍於一九四四年下水的貨輪，一九六六年移交給海軍，改名為普韋布洛號（USS Pueblo），稍後改裝成情報蒐集船並重新編號為AGER-2。AGER是「輔助通用環境研究」（Auxiliary General Environmental Research）的縮寫，是一個由海軍與國家安全局所合作的計畫。普韋布洛號唯一的武裝是一門雙聯裝點五〇口徑機槍。

一九六八年一月十一日普韋布洛號從日本佐世保出發，到達北韓清津外海，進行蒐集情報作業。一月二十三日，普韋布洛號駛往元山外海活動，距離海岸約十二海浬。由於靠北韓海岸過近，普韋布洛號遭到北韓一艘獵潛艇、四艘魚雷快艇所追擊，該艦雖曾試圖逃離卻因速度太慢而被包圍，並在毫無抵抗的情況下遭到逮捕。由於在事件中普韋布洛號曾不聽從對方的命令在海面上停俥而遭到北韓方面以武器掃射，造成船長及幾名船員受傷，一名船員死亡。普韋布洛號遭北韓俘虜震驚了整個美國。美國在事件開始時姿態極其強硬，同時進行了相當規模的軍事部署，試圖以戰爭逼迫北韓放船放人。但北韓政府毫不示弱，也在全國進行了戰爭動員，雙方的軍事對峙到了劍拔弩張之勢。

顯然美國不願意為一艘貨輪改裝的情報船再度引爆朝鮮半島戰爭。經過十個多月的外交談判，一九六八年十二月，美國接受北韓提出的「3A」條件，即 Acknowledge（承認錯誤）、Apologize（謝罪道歉）、Assure（保證不再發生此類事件），作為北韓將人質釋放的交換條件，但北韓仍不同意釋放該艦。十二月二十三日，北韓將這些被扣押了十一個月的八十二名船員以及死亡船員的遺體送至板門店並移交給美方，讓他們可以回家過耶誕節。蘇聯領導人布里茲涅夫對北韓事先未告知蘇聯的此一輕率行為非常不滿。

實際上普韋布洛號的船長和船員在回到美國後都來不及回家歡度耶誕節。在經過短暫的醫療檢查後他們就被送上了海軍軍事法庭，船長和大副以瀆職罪被起訴。海軍法庭的起訴書列舉了幾項罪名：沒有武裝抵抗、允許對方登船、沒有及時銷毀機密資料、沒有訓練船員應付緊急情況等等。此外，美國太平洋艦隊總部和駐日本海軍總部也受到斥責，罪名是對如此的突發情況毫無準備，對船員訓練不足，在船上沒安裝銷毀設備，事到臨頭派不出緊急增援部隊等等。軍事法庭對普韋布洛號船員的審判進行了五個月，船上的每個成員都出庭作證。最後法庭決定不對任何個人做出懲罰性判決。法庭聲明中把普韋布洛號被劫持和情報的損失歸咎於一個沒有人能夠預測並為之負責的情況：在大家都以為享有航行自由和安全的公海上受到突如其來的襲擊。法庭聲明以要求整個海軍從中汲取教訓的官樣文章作結。

「普韋布洛號」並沒有跟船員一起被送還給美國，而是停靠在北韓的元山港供人參觀，成為北韓人愛國教育與美國侵略北韓的重要象徵。普韋布洛號成為自韓戰爆發以來北韓擄獲美軍的「最大戰利品」。一九九八年該船被運到西海岸，停放在北韓首都平壤的大同江畔，據說是一八六六年舍門將軍號事件（見本書第五章）發生地，作為博物館用途而成為當地非常受觀光客歡迎的名勝。

普韋布洛號是如何從朝鮮半島東岸的元山港移到西岸的平壤大同江，是相當令人費解且頗值得推敲的。因為北韓位於朝鮮半島北半部，船隻從東岸到西岸必須繞行敵對的南韓，但是美國不可能任憑北韓大剌剌地讓普韋布洛號繞行朝鮮半島。所以北韓是如何辦到的呢？普韋布洛號排水量九百噸，長五十四公尺，寬不到十公尺，是一艘不算大的船。所以極有可能是先在元山港拆解之後，再以陸運方式把支解的船體運到平壤大同江邊重新組裝。

美國海軍方面至今並沒有將普韋布洛號自海軍艦艇名冊中剔除，名義上仍然屬於現役的艦隻。美國雖一直保持要求歸還普韋布洛號的態度，而北韓方面也數次以歸還該艦為條件換取與美方建立較密切外交關係，但由於雙方在核子武器發展、人權問題上一直有嚴重歧見，因此美方並沒有將普韋布洛號的歸還視為第一優先，而讓北韓繼續在平壤大同江邊展示這項韓戰的「最大戰利品」。

事件過後，普韋布洛號的船員鍥而不捨向美國政府要求公平與正義，一九九〇年他們終於獲得政府頒發戰俘獎章（Prisoner of War Medals）。部分船員繼續向美國華府地方法院控訴北韓在他們被拘禁期間施以虐待等諸多不人道的待遇，二〇〇九年獲法院判決可以自遭凍結的北韓資產中得到六千五百萬美元的賠償。二〇二一年一家法院又判決該事件的存活者及眷屬可以得到二十三億美元的補償。這兩次法院的判決讓普韋布洛號尚存的船員及家屬得到慰藉，但是否真的可以拿到北韓的補償還有待時間的驗證。

◆ ◆ ◆

北韓在非軍事區一連串的挑釁行動，尤其是青瓦臺事件明顯地是以南韓總統朴正熙為目標的「斬首任務」，震動南韓上下，要求報復北韓的呼聲不斷高漲。朴正熙於是順勢對北韓進行報復。

青瓦臺事件三個月後，朴正熙下令南韓中央情報部（KCIA）仿效北韓突襲青瓦臺的「一二四部隊」，於同年四月在仁川市外海的一座無人島「實尾島」建立一個訓練祕密基地。KCIA暗中招募三十一名死囚、黑道人物和流浪漢等「不良分子」聚集在一起，由空軍成立一支代號「六八四部隊」（即代表一九六八年四月成軍），打算以牙還牙地派遣特攻敢死隊至平壤暗殺北韓國家主席金日成。這就是鮮為人知、代號為「獵作戰」的暗殺金日成行動計畫。按照該計畫，「六八四部隊」隊員將乘熱氣球飛到平壤金日成宮殿的上空，用降落傘降落地面後，實施暗殺行動。駐沖繩的美國空軍 SR-71 高空偵察機早已拍攝金日成宮殿的構造和周圍地形，並交給了韓國中央情報部。

中央情報部在招募特攻隊成員時承諾，任務成功後將會無罪特赦並給予重金犒賞。在如此優厚條件的激勵之下，這些社會邊緣人在實尾島接受了幾個月各種極為嚴格的特戰訓練之後，脫胎換骨成了一支戰力堅強的特攻突擊隊。近七個月後，他們乘坐軍艦轉移到離北朝鮮極為接近的白翎島，等待出擊命令。後來情況改變，他們返回實尾島繼續他們的訓練。卻也因為訓練過於嚴苛，導致在訓練過程中，意外造成七人死亡，只有二十四人能順利完成訓練。

事實上青瓦臺事件過了兩三年之後，朴正熙對北韓的想法與策略也有所改變。一九七一年，他派出當時中央情報部部長李厚洛祕密接觸北韓副總理朴成哲，希望能謀求兩韓和解合作交流。朝鮮半島局勢因此出現緩和的跡象，南韓政府為避免局勢再度惡化，決定停止暗殺金日成的計畫。訓練多時待命出擊的「六八四部隊」因此頓時淪為失去利用價值的燙手山芋。原本中央情報部計畫將這批人全部殺人滅口除去一切痕跡，不料消息走漏，這批受過各種魔鬼訓練的隊員在走投無路的情勢下，於一九七一年八月二十三日淩晨五點，殺了幾名看守他們的南韓士兵後逃出實尾島搭船前往仁川。

「六八四部隊」登陸仁川後，一路不斷劫持與換乘數輛公共汽車，準備前往南韓總統府青瓦臺向朴正熙討回公道，後來遭到南韓部隊的重重包圍與阻止，在漢城外圍的大方洞地區，雙方發生激烈槍戰。在走投無路的情況下，「六八四部隊」的士兵釋放了被劫持公車上的無辜百姓，然後集體在車上引爆手榴彈自殺，只有四人逃過一劫遭到南韓軍方逮捕，最後被軍事法庭判處死刑。

針對這次震驚全南韓的叛亂行動，南韓政府一開始對外宣布是遭到一批身分不明武裝分子的襲擊，企圖把這次叛亂當成北韓遊擊組織所為。也許是怕引起北韓的反彈，不到三個小時又改口說是「空軍特種部隊發生叛亂」。因為無法向外界公開承認是暗殺金日成的祕密部隊發生了叛亂，最後只能在國防部長與空軍參謀長引咎辭職下草草落幕。次（一九七二）年三月十日，四名被逮捕的「六八四部隊」隊員遭槍決。

不到三年之間青瓦臺兩度成為特攻隊的目標，一次是北韓的「一二四部隊」，一次是南韓自己訓練的「六八四部隊」，在朝鮮半島歷史留下特殊的一章。一九七二年七月四日，南北韓簽署《南北七四共同聲明》和平協定，雙方誓言絕不挑起彼此武力對峙或軍事行動。

二〇〇三年，以「六八四部隊」這段事件改編而拍攝的電影《實尾島風雲》（실미도／*Silmido*）在南韓上映，引起南韓社會的高度震撼。次（二〇〇四）年二月，南韓國防部首度公開承認這段慘無人道且鮮為人知的案件，並公布所有接受「六八四部隊」訓練的隊員名單及相關資料。

停泊在平壤大同江畔的美國情報船普韋布洛號。（摘自 Wikipedia）

「六八四部隊」成員最後搭乘的巴士在漢城市郊大方洞遭軍警包圍。（摘自 Wikipedia）

第二十一章

南韓經濟起飛　朴正熙遭刺殺

朴正熙是頗具爭議性的南韓總統。在其執政期間，南韓從貧窮的農業國發展成為中等已開發國家，他因此被譽為「漢江奇蹟的締造者」。另一方面，他實行鐵腕統治，以犧牲民主的專制制度來追求經濟的高速增長，而被稱為獨裁者。

朴正熙（박정희；Park Chung Hee）是南韓（大韓民國）第五至九屆總統（大統領），是南韓憲政史上執政時間最長的國家元首，亦是南韓第十八屆總統朴槿惠的父親。一九六一年五月十六日，朴正熙發動軍事政變推翻南韓第二共和國，掌握大權，後統治南韓長達十八年之久，直至一九七九年十月二十六日被自己的親信，中央情報部長官金載圭槍殺。

朴正熙是頗具爭議性的南韓總統。在其執政期間，南韓從貧窮的農業國發展成為中等已開發國家，人均國民生產毛額（GNP）從一九六一年的八十二美元驟增到一九七九年的一六四四美元。他因此被譽為「漢江奇蹟的締造者」。另一方面，他實行鐵腕統治，以犧牲民主的專制制度來追求經濟的高速增長，而被稱為獨裁者。朴正熙的長期執政與被刺，對南韓各方面的發展均有重大影響。

◆ ◆ ◆

朴正熙於一九一七年出生於慶尚北道善山郡龜尾面（今龜尾市）的一個貧苦佃農家庭，是其父母五子二女當中排行第五。從小表現聰穎，但個性孤僻。一九三二年考入大邱師範學校，一九三七年畢業，在慶尚北道聞慶一所國小任教三年。一九四〇年朴正熙以日本姓名高木正雄考試進入新京（今長春市）滿洲軍官學校就讀，結束兩年的預科學習後，一九四二年赴東京日本陸軍士官學校攻讀本科。一九四四年畢業後，被分發到齊齊哈爾關東軍六三五部隊擔任見習軍官。三個月後，朴正熙又被改調到當時的熱河省滿洲國軍第八團任少尉，擔任團長副官，一九四五年一月晉升中尉。

一九四五年八月十五日日本無條件投降後，朴正熙所屬的第八步兵聯隊拒不投降，並槍殺蘇軍聯絡員。蘇軍展開圍殲行動，朴正熙帶領三名朝鮮籍軍官逃出包圍。之後他喬裝難民來到北京，混入國民黨中央軍，軍統調查知道他的真實身分後解除他的武裝並羈押數月，後於一九四六年遣返他回朝鮮。同年九月，在漢城參加國防警備隊（南韓國軍前身）士官學校。一九四八年五月，朝鮮南部舉行大選，召開制憲國會，制定憲法，定國名為大韓民國，選舉李承晚為首任總統。南韓政府因為濟州四三事件及麗水順天叛變事件（見本書第十、十一章），於是在陸海軍內部大規模整肅檢舉公開和隱蔽的左翼分子，並交付軍事法庭判罪。朴正熙因為曾參與親共的南勞黨，於是也被列為赤色分子，但因白善燁將軍（後曾任參謀總長及駐中華民國大使）為他說項，於是被退伍釋放。

朴正熙在貴人協助下躲過這個死劫，又逢韓戰爆發，於是重回南韓軍隊，自此一路平步青雲。一九五〇年任陸軍情報局科長、師參謀長。一九五一年在陸軍本部情報局、作戰局、軍需局任職。一九五三年任第二軍砲兵指揮官，同年七月朝鮮停戰後，被派赴美國奧克拉荷馬陸軍砲兵學校深造。一九五四年晉升為陸軍準將，任砲兵學校校長。一九五五年任師長。一九五七年陸軍大學畢業後任副軍長。一九五八年晉升少將任軍參謀長。一九五九年任軍管區司令。一九六〇年一月任釜山地區軍需基地司令、第一軍管區司令、陸軍本部作戰參謀次長和第二軍副司令。

◆ ◆ ◆

一九六〇年，李承晚在三月十五日總統選舉中操弄選舉，發生嚴重的舞弊事件，引發大規模的學生示威，隨後發展為四一九革命。李承晚政府宣布了戒嚴令。朴正熙升任釜山地區戒嚴事務所長，但他從未下達向學生和群眾開槍的命令，而且對圍攻政府機關的人群喊話說部隊是支持他們的。由於他反對非法選舉的態度，他被撤銷第五師師長的職務，改調陸軍大學學習。

由於南韓國軍內部腐敗現象嚴重，中下層軍官工資低得只足以餬口，軍隊和社會一樣希望改革。一九六〇年九月，在朴正熙幕後指揮下，金鍾泌出面組織請願，提出懲辦操縱三月分選舉的高級將領、懲罰非法攬財的軍官、清除無能高級指揮官、堅持「軍隊中立」、提高軍人社會地位等五條要求。不過此次運動以失敗告終，金鍾泌等十六名軍官被逮捕，金鍾泌也因此被免職。此次運動的失敗，使朴正熙意識到要透過和平的改革方式改變現狀，是不可行的。

四一九革命後，第二共和國於一九六〇年八月成立。由於以總統尹潽善為代表的民主黨舊派勢力，和以總理張勉為代表的新派勢力之間的內鬥，第二共和國不僅沒能帶來民眾所期望的安定局面，南韓經濟也每況愈下。由於政府的無能引發民眾對政府的強烈不滿，南韓持續爆發大規模的遊行示威，政治經濟形勢一片混亂。在第二共和國短短的九個月中，共發生了一千八百餘次遊行示威。在這種極度動盪的社會局勢下，朴正熙與金鍾泌等軍隊將領認為時機成熟，於是發動軍事政變。

一九六一年五月十六日凌晨，朴正熙率領大約三千五百名政變隊伍向首都漢城進軍。除在漢江橋與憲兵隊發生短暫交火外，整個政變過程幾乎沒遇到阻力。朴正熙的政變隊伍迅速占領了漢城所有的重要戰略地點，並占領南山KBS電臺向全民廣播革命宣言。但第二共和總統尹潽善向各野戰軍司令官和軍長發出了要求避免流血衝突的親筆信。之後，南韓國軍第五和第十二師相繼表示支持軍事委員會。美軍原欲鎮壓叛軍，也因此未採取行動，最終默許了五一六軍事政變的合法性。次日，尹潽善總統宣布辭職。當天軍事革命委員會改名為「國家重建最高會議」，陸軍參謀長張都暎任最高會議議長，朴正熙任副議長但掌握實權。

六月六日，國家重建最高會議公布了軍事政府的基本法《最高重建非常措施法》，國家重建最高會議內設常任委員會和計畫委員會，朴正熙出任常任委員長。最高委員會還設有「重建國民運動總部」和中央情報部。金鍾泌任中央情報部首任部長。七月三日，《反共法》頒布的當天，張都暎被解除了最高會議議長等職務，朴正熙直接出任議長之職。之後，張都暎又被以「反革命陰謀罪」被逮捕，其支持者也被朴正熙清洗出軍事政府的領導機構。在軍政府趨於穩定後，朴正熙對軍隊進行了一次大肅清。

一九六二年三月六日，國家重建最高會議公布《政治活動淨化法》。三月二十二日，尹潽善辭去了總統的職務以表對此法令的抗議。兩天後，朴正熙以議長的身分代行總統職權。一九六三年十月十五日，南韓舉行了「歸還民政」的總統選舉。朴正熙在此次選舉中以不到百分之一的些微差距擊敗民主黨候選人尹潽善，當選南韓第五任總統，展開了他長期的執政。

◆ ◆ ◆

朝鮮半島戰爭休戰後，南韓經濟衰敗不堪，百廢待舉。李承晚雖展開了經濟改革及土地改革，但未見起色，經濟上仍難與北韓相比。朴正熙於一九六二年執政後開始專注於經濟發展。一九六二年一月初，朴正熙政府正式發布了第一期五年計畫（一九六二〜一九六六年）。此後，韓國政府在一九六二年到一九九六年間先後制定和實施了七次五年經濟計畫。所謂「漢江奇蹟」的出現實際是在朴正熙執政期間，朴正熙因此也成為締造漢江奇蹟的最重要人物。

南韓於一九四八年獨立後至一九六一年間，美國為南韓每年提供了龐大的經濟援助。在此期間，美援在南韓財政收入的比例達到三十％〜四十％，在南韓年國民生產總值中平均占到八％以上。依靠美國的經濟援助，南韓建立起一批進口替代工業，為日後的經濟起飛打下了基礎。

出於朴正熙的主動請纓及配合美方的請求，自一九六五年至一九七三年，南韓每年大約派遣四萬八千人赴越南參戰，前後總計約三十二萬人次。南韓從美方獲得有關出兵越南的款項共計十億二千二百萬美元，而其中的百分之七十二是勞工及駐越軍人薪酬的匯款，以及當地韓國企業在貿易之外的收入，當中主要來自承包美軍的物資運輸、公路修築、港灣疏濬等，也使將近一萬九千名韓籍技術人員及勞工南下越南。越戰期間，共計八十餘家南韓企業跟著南韓軍一起進入越南，當中現代建設、韓進商事、大宇和三星等業者也都是受益者。這些南韓企業於一九六六年至六七年所賺得的外匯占韓國全國的兩成以上，因而有助於日後發展成為財閥的基礎。根據統計，南韓派兵參與越戰數年間，韓商從越南賺取的外匯約有五億美元。從越南流回的資金，成為了朴正熙政府推動「五年計畫」經濟發展方案的動力，為韓國打下了重工業的基礎，也奠定了「漢江奇蹟」的根底，京釜高速道路等重大建設也有部分興建經費是來自越戰的收入。南韓的GDP在一九六九年首次超越北韓。

朴正熙是個不忘本的人，他發展經濟最重要的基礎建設，就是聯接漢城與釜山之間的「京釜快速道路」，很自然地經過他的故鄉龜尾（구미；Gumi）。朴正熙幫助龜尾市由農業為主的經濟型態轉換成南韓工業重鎮，是南韓內陸最主要的工業城市，近年來每年的出口值均超過韓國總出口值的十％。龜尾市於一九八〇年代與臺灣同樣是工業重鎮的中壢市結為姊妹市。

朴正熙執政後的右翼政府不顧人權，嚴厲限制新聞和言論自由。他認為當時的南韓不具備民主自由的條件，在他看來沒有經濟的振興是不可能有民主的，加上面對北韓的軍事威脅，南韓根本沒有空間發展民主。他認為貧窮使得國家變得脆弱，因此他把消除貧困、發達經濟列為首要目標。朴正熙親自建立的中央情報部（KCIA）是國家特務組織，對反對他的人進行逮捕和鎮壓，是個令人生畏的機構。

朴正熙執政後實施的鐵腕政策，自然引起社會中民主人士的不滿。為了鞏固執政地位，朴正熙反而愈加強硬地壓制民主化的要求。此後以政治人物、知識分子、學生、宗教界人士為中心的民主化運動，以及在經濟上的弱勢者——勞工和農民等為中心的保衛生存權的運動愈演愈烈。

在與日本關係方面，南韓因曾遭日本侵略與統治，絕大多數的南韓人民對日本都沒有好感，甚至是抱持仇視的心理。一九五一年十月，韓日雙方在美國的敦促下，開始了邦交正常化的預備性會談，但前五輪的會談進展緩慢。直到朴正熙上臺後，南韓政治文化發生了很大的變化，在對日問題上也採取了更為務實的態度。一九六一年十一月，朴正熙以最高會議議長身分發表聲明，說韓日兩國應「不計小節，本著相互理解的精神相互合作，以誠意解決問題」。之後，南韓中央情報部部長金鍾泌和外務部部長崔德新，先後兩次出訪日本為此進行了兩度會談。一九六二年十一月，朴正熙派金鍾泌到東京繼續磋商，與日本外相大平正芳達成《金－大平祕密備忘錄》。一九六四年三月，此消息流出後，南韓爆發李承晚政府倒臺後最大規模的示威遊行。金鍾泌再度成為朴正熙的代罪羔羊而被解職。

一九六五年六月二十二日，韓日雙方在經歷十三年八個月的談判後，在日本首相官邸舉行《韓日基本關係條約》及一些相關協定的簽署儀式。同年十二月十八日，雙方交換批准書，兩國正式建立外交關係。在《韓日基本關係條約》中，日本沒有對其侵略作任何反省，也沒有就此對南韓進行任何「賠償」，雙方的歷史問題及諸多矛盾沒有得到根本解決。雖然這對韓日關係的發展留下了陰影，但與日本邦交正常化使南韓得到了大量的經濟利益，減少了對美國的依賴，並成功將北韓與日本的關係打入長期的低潮。但是南韓大部分人民對南韓政府與日本建交的過程與結果都不滿意，造成了普遍的社會動盪。所以南韓與日本至今仍然有獨島主權問題與慰安婦等糾紛。

由於堅定地追求經濟發展的目標以及中央政府相較之下還不算腐敗，所以朴正熙政權能夠安然度過一波波的各種抗爭。但另一方面，不斷地採取自上而下的強硬措施，專制的色彩日益加強，結果使整個政治制度結構逐漸失去彈性。到七〇年代末，反腐敗鬥爭以及其他施政都要靠朴正熙對下級的訓斥和謾罵。獨裁體制的缺陷最終導致他個人的悲劇。

朴正熙是南韓一九四八年獨立以來的第一位軍人出身的總統，虎視眈眈的北韓自然對他沒有好感，亟欲除之而後快。一九六八年一月，北韓派出一支三十一人的特攻隊越過非軍事區潛入南韓首都，企圖進入青瓦臺對朴正熙進行「斬首行動」。這被稱為「青瓦臺事件」的大膽行動終究以失敗收場（見本書第二十章）。

一九七四年八月十五日朴正熙與其夫人陸英修在漢城國家劇院，出席光復節二十九年紀念儀式，被疑受北韓指使的第二代旅日韓僑文世光槍擊，朴正熙僥倖躲過，但陸英修則中彈身亡。該事件造成日韓關係高度緊張，一度瀕臨斷交。

七〇年代末期，也就是朴正熙執政末期，民主人士對朴正熙的批評與反日情緒日漸加劇，社會上也是各種抗議活動層出不窮。一九七九年八月，從事假髮貿易的ＹＨ貿易公司有一百七十二名女工為要求工人的權利得到保障，在最大在野黨新民黨漢城總部發起靜坐示威活動，最終由於軍警強制清場而結束。此次事件被稱為「ＹＨ貿易女工抗爭事件」，導致新民黨時任總裁的金泳三被執政之民主共和黨控制的國會強行剝奪其議員資格，因此引發金泳三選區釜山及馬山民眾抗議的事件，稱為「釜馬事件」，導致南韓政局更加動盪。中央情報部部長金載圭與強硬派的總統警衛室室長車智澈發生嚴重摩擦，車智澈主張強硬鎮壓遊行，而金載圭主張溫和解決，最終朴正熙採納了車智澈的強硬鎮壓策略。金載圭感受到朴正熙對他逐漸反感和不信任。

一九七九年十月二十六日，在漢城鍾路區宮井洞中央情報部官邸的宴會中，國事如麻欲飲酒麻痺自己的朴正熙與車智澈，被金載圭用事先預備好的手槍擊殺。就這樣，評價兩極的南韓第五至第九任總統，結束了他傳奇的一生。

朴正熙死亡四個多小時後，金載圭被逮捕，於次年五月被判死刑絞死。

慶尚北道龜尾市朴正熙生家（出生的家）。朴正熙於 1917 年出生在這南韓農村常見的土房。（作者攝）

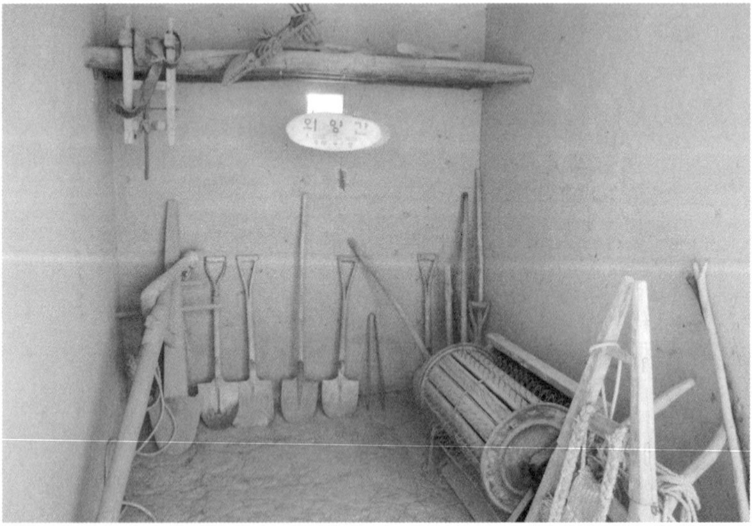

朴正熙生家的農具間。（作者攝）

連任宣誓就職之後的酒會上，穿著燕尾服的朴正熙大統領與夫人陸英修開懷舉杯同慶。（作者翻攝）

這架在泗川航空博物館展示的 C-54 Skymaster 是「大統領專用機」，也就是朴正熙的「空軍一號」。（作者攝）

位於忠清北道永同郡秋風嶺的京釜高速道路紀念碑。總長428公里的京釜高速道路耗費429億圜，當時有1公里1億的說法。京釜高速道路是朴正熙大統領任內完成，也是他領導南韓18年期間最大的一項成就。兩年半就完成428公里長的高速道路，頗令當時世界各國刮目相看，也奠定南韓日後經濟快速發展的交通運輸基礎。（作者攝）

2008年朴槿惠接受國立釜慶大學榮譽博士學位。（作者攝）

第二十二章

雙十二政變與光州事件

全斗煥派軍隊以暴力鎮壓，造成數百人死亡、幾千人受傷，被稱為「光州事件」或「五一八光州民主化運動」。全斗煥以殘暴的手段對付光州市民與學生，為他換得「光州屠夫」的稱號。

◆ ◆ ◆

一九七九年十月二十六日，南韓執政十八年的朴正熙被心腹中央情報部長金載圭槍殺。朴正熙死亡的訊息傳出，震撼整個南韓，誰也沒有想到朴正熙會突然死去。所以在朴正熙死訊傳開後，整個韓國就陷入混亂當中。國務總理崔圭夏按照南韓憲法規定出任代總統，並宣布從十月二十七日凌晨四時起在全國大部分地區實施戒嚴，以免北韓人民軍趁機南侵。戒嚴期間對各政府機關、重要團體和新聞機構進行軍管，禁止國會以外的任何政治活動，嚴禁各種罷工、集會、遊行示威、學校停課、實行宵禁等。南韓陸軍參謀總長鄭昇和上將兼任戒嚴司令。

但是，朴正熙的死亡無法消弭南韓長期的民主抗爭行動，工人及學生的遊行示威活動亦開始席捲全國。十二月十二日，身兼國軍保安司令部司令及戒嚴司令部合同搜查本部長的陸軍少將全斗煥師法朴正熙的前例，夥同盧泰愚等「一心會」[6]核心成員，趁混亂時機發動雙十二政變，以涉嫌總統刺殺案的罪名，在參謀總長官邸逮捕上司鄭昇和上將。不久，盧泰愚接替全斗煥出任保安司令。

一九八〇年五月上旬，各地要求民主示威浪潮擴大，在漢城有五萬名群眾集結，在光州有三萬餘名以學生為主的群眾要求撤銷戒嚴令和全斗煥下臺。五月十七日，掌握軍隊實權的全斗煥宣布全國擴大戒嚴。再次擴大戒嚴令下，禁止所有的政治活動、國會活動、對國家元首的批判，拘捕了金大中和金泳三等反對黨領導人物，下令大學停課等。

五月十八日在光州，南韓陸軍第七空降旅的兩個營於該日乘軍用卡車進駐學生作為基地的全南大學、朝鮮大學，一千五百名學生在校門口與空降部隊發生衝突，四百餘名學生被拘捕，並有八十多人輕重傷。十九日陸軍第十一空降旅緊急調往光州增援，市民使用鐵棍和燃燒彈對抗空降部隊。二十日凌晨，第三空降旅所屬三個營從漢城出發，南下光州增援。白天，二十萬餘名市民參加抗爭，幾百輛公共汽車、計程車帶頭衝破軍隊的防線。與此同時，電臺一直沒有報導「光州事件」，市民對此十分憤怒，到光州MBC（文化放送電臺）縱火。二十一日，光州市民掠奪軍工廠及後備軍的軍械庫，繳獲了裝甲車的武器及炸藥等，並占領了全羅南道廳，武裝對抗軍警。光州市和對外的鐵路、公路和通信線路被切斷。由於事態嚴重，全斗煥在這天決定真正准許用實彈武力鎮壓。

五月二十二日，一萬餘名軍人包圍光州。光州「市民收拾對策委員會」組成，開始與政府談判。同一天，主張撤兵的全羅南北道戒嚴分所所長尹興禎中將遭到撤換，由蘇俊烈中將接替其職位繼續鎮壓。五月二十五日，五萬名市民集會組成「光州民主民眾抗爭領導部」，決心抗爭到最

6 「一心會」是一八六〇至一九九〇年代，南韓國軍以全斗煥等南韓陸軍士官學校畢業的少壯派軍人所建立的祕密軍事結社。

後一刻。五月二十六日，市民躺在路上阻擋坦克，但坦克不顧人群依舊進城。抗爭隊預料軍隊將要入城掃蕩，決定疏散其他人，只讓「抗爭領導部」的人留下。南韓以軍隊鎮壓光州的抗爭者，陸續有數千名軍人開著坦克進入，大部分抗爭者最終放棄抵抗。二十八日，軍隊搜索全城，幾千名市民被逮捕、扣押。光州這次的大規模示威行動，全斗煥派軍隊以暴力鎮壓，造成數百人死亡、幾千人受傷。被稱為「光州事件」或「五一八光州民主化運動」。全斗煥以殘暴的手段對付光州市民與學生，為他換得「光州屠夫」的稱號。

「光州事件」後同年十二月，全斗煥在嚴格控制的選舉下當選並就任總統，開始七年單一任期。全斗煥成為總統後，一直企圖掩飾「光州事件」的真相，事件被定調為「金大中等親共主義者主導的內亂陰謀事件」，政府禁止一切對「光州事件」的輿論及出版物。

在韓國歷史上，光州及所在的全羅道在三國時期是屬百濟之地，在高麗及朝鮮時期也是罪犯、貶謫官員流放之地，是一處一直受到歧視的貧困地區。直到今日，南韓還有一些地域觀念強烈的父母不准子女與全羅道的對象交往或結婚的情形。

全羅南道同時亦是民主、思想開放進步人士的孕育地。在這樣的歷史背景下，當地人民積極投入民主抗爭活動，即使面對無情的鎮壓及混亂的政局，也堅決繼續示威，成為歷史性的抗爭地。光州事件被拘捕而被判死刑的民主派領袖金大中（後來改判無期徒刑），出身於全羅南道新安郡，是全羅地方最具代表性的政治人物。

曾經因政治迫害而兩度流亡海外的金大中，後來於一九九七年十二月第四次競選韓國總統成功，成為南韓第十五任總統。他也是南韓自一九四八年獨立以來迄今唯一出身全羅道的領袖。一九六三年朴正熙及其後的總統，除金大中外都是出身自慶尚南北道，包括朴正熙（慶北龜尾）、全斗煥（慶南陝川）、盧泰愚（慶北大邱）、金泳三（慶南巨濟）、盧武鉉（慶南金海）、李明博（慶北浦項；實際出生在日本大阪）、朴槿惠（慶北大邱）、文在寅（慶南巨濟）。二〇二二年三月贏得總統大選的尹錫悅祖籍則是忠清南道公州（熊津、熊川，三國時期百濟古都，見本書第一章）。

光州市與臺灣臺南市早於一九六八年就締結姊妹市。臺南市在安平區有光州路，光州市有臺南路，現改名為臺南大路。

◆ ◆ ◆

光州事件後死傷者家屬和受傷者組成了幾個不同團體，這些團體於每年五月十八日，都冒著政府的干預及鎮壓，試圖舉行悼念會，漸漸形成一起要求「查明真相」、「處罰負責人」、「賠償受害者」的共識。他們在「光州事件」的平反過程中，一直扮演重要的角色，也持續對執政的全斗煥政府施予壓力。

一九八七年，全斗煥的七年總統任期即將結束，他試圖繼續長期執政。一月十四日，一名參與抗議的首爾大學學生在警察的酷刑下死亡。六月九日，一名延世大學學生在示威中被催淚彈彈殼擊中傷重不治，引起全國的反政府示威，提出全面民主化的呼聲。六月民主運動展開，最終韓國逐漸走向民主化，全斗煥交出權力。在這氛圍下，要求查明「光州事件」真相的輿論愈來愈強烈，而政府亦開始打破禁忌，公開談論「光州事件」，受難者可以在國會聽證會上講述所受到的迫害。「光州事件」開始擺脫從前「共產主義者的內亂陰謀事件」的定調而被視為「國家民主化運動的部分」，但是對「查明真相」、「處罰負責人」方面的問題，則仍未解決。

一九八八年二月盧泰愚接替全斗煥成為南韓第十三任總統。四月，全敬煥、全基煥、全宇煥、李昌碩等全斗煥的親戚接連因貪腐被捕。全斗煥被迫發表謝罪聲明，並辭去一切公職。但憤怒的韓國民眾要求政府懲罰光州事件的責任人，公布雙十二政變和光州事件真相。從十一月三日開始，光州特別委員會和第五共和國特別委員會啟動了現場電視直播的聽證會，全國民眾更加沸騰。盧泰愚迫於壓力讓全斗煥發表謝罪聲明並離開首爾。十一月二十三日，全斗煥在私宅發表謝罪聲明並捐出個人財產和剩餘的政治資金一三九億韓圜後，偕夫人李順子隱居極為偏僻的江原道麟蹄郡百潭寺。一九九〇年十二月，全斗煥結束隱居返回到漢城延禧洞的私宅。

一九九三年，總統金泳三第一次把全斗煥的政變和「光州事件」定調為「內亂的事件」，即承認全斗煥企圖執政而引起「光州事件」。一九九四年「五一八紀念財團」創立，是把「五一八」賠償金發還給社會而設立的有關合法團體。同時，抗爭受害者們起訴全斗煥和當時的主要軍人等共三十五名，展開法律訴訟行動。

一九九五年七月經調查後，政府決定不起訴有關加害者，理由是「成功的平定內亂不能被處罰」，引起廣泛輿論批評。「五一八」有關團體長期靜坐。十月前總統盧泰愚（曾協助全斗煥鎮壓「光州事件」）以權謀得來的金錢被揭露，人民開始質疑前總統們的操守問題。十一月盧泰愚被扣留、監禁。十一月二十四日總統金泳三指令制訂「五一八特別法」。十一月三十日檢察成立特別偵察本部，再開始偵查。十二月三日全斗煥也被扣留、監禁。

一九九六年二月二十八日全斗煥及盧泰愚總統等十六人被起訴。八月二十六日法庭認定他們的「軍隊叛亂和內亂罪」及「內亂目的殺人罪」。全斗煥因「叛亂、內亂首惡罪」被判死刑，盧泰愚則因「叛亂、內亂主要任務從事罪」被判監禁二十二年六個月。十二月十六日全斗煥及盧泰愚向高等法院上訴，最後全斗煥被改判無期徒刑，盧泰愚被判入獄十七年。一九九七年四月十七日終審法院判全斗煥無期徒刑和罰款二六二八億韓圜。一九九七年十二月，總統金泳三在徵得候任總統金大中同意後赦免了全斗煥和盧泰愚，以期團結韓國各界共同應對亞洲金融危機。

一九九八年「光州事件」有關團體大統合，五月十八日成為「文化節日」。二〇〇〇年第一次有現職總統參加「光州事件」紀念儀式，總統金大中並承諾制定有功者特別法。「五一八紀念財團」制定「光州人權賞」，給予國內人權團體或人權運動人士。抗爭期間被解僱二百多名的教授與教師向國家提出索償訴訟，結果勝訴。

光州事件是韓國人民數十年來對民主、自由呼聲的抑壓下爆發出來的。政府把爭取民主的呼聲以血腥鎮壓，並繼續掌權，顯示當時韓國政府的獨裁統治，民主發展的情況惡劣。光州事件的最大意義是全民團結成一個「和平共同體」。抗爭初期，學生們以和平的方式爭取民主，但一般市民看到手無寸鐵的學生被殘酷打死，或中學生看到自己的兄姊被槍殺，都陸續參加示威要求民主和自由。光州事件的平反，意味政府承認人民的要求是正當的，從而促進韓國的民主化。五一八財團每年五月十八日都會舉辦光州事件的紀念活動，作者駐韓六年間曾三度應邀赴光州參與活動。

◆ ◆ ◆

全斗煥在特赦後過著相當自由及愜意的生活，作者駐韓六年期間經常在電視新聞看到他接受訪問及打高爾夫球的報導。他也曾數次出國訪問中國大陸。

二〇一三年六月，南韓國會通過《公務員犯罪相關沒收特例法》修訂案。七月十六日，韓國檢察廳突擊搜索全斗煥在首爾的住家以追討全斗煥收受賄賂的未繳罰款一六七二億韓圜，並禁止全斗煥的子女出境。全斗煥以在受調查期間出現的阿茲海默症為由拒絕出庭。

然而，全斗煥在該年主張罹患阿茲海默症後也繼續多次出席公眾場合參與活動。二〇一七年，自稱患有阿茲海默症的全斗煥出版了他的回憶錄，其中有關光州事件他提及「我覺得事件有北韓特種部隊滲透起事的跡象」、「受到北韓煽動的暴民無法溝通，為了保護民眾的軍隊才會自衛反擊」。全斗煥企圖把光州事件「甩鍋」給北韓而受到輿論的撻伐。他在回憶錄中還指責當初證言軍部使用直升機對市民進行鎮壓的已故神父曹喆鉉為「騙子」，遭其遺族指控為損害死者名譽。到二〇一七年八月，光州地方法院判決禁止其繼續出售回憶錄，全氏也遭到起訴。二〇二〇年十一全斗煥遭判有期徒刑八個月，緩刑兩年。

二〇二一年十一月二十三日早上，全斗煥在自宅去世，享壽九十歲。而他的繼任者及老戰友盧泰愚則在約一個月前離世。

由於全斗煥未曾就光州民主化運動時期造成大量平民傷亡道歉，同時對遇難者遺屬帶來難以治癒的傷痛，而且因內亂罪被判刑，青瓦臺方面僅通過發言人慰問家屬，並沒有送花圈和弔唁。韓國政府也決定不舉行國葬，全斗煥葬禮以家族葬形式舉行，政府方面沒有提供協助。南韓朝野各黨派在全斗煥死後對其評價普遍不高，對弔唁和國葬等事宜也持消極態度。

全斗煥的出殯儀式於十一月二十七日在首爾一所醫院的殯儀館低調舉行，僅五十多名家人和親信出席。全斗煥在世時始終未為他血腥鎮壓「五一八光州民運」道歉，遺孀李順子在葬禮這天，終於代替丈夫「深深致歉，特別是向在他『任內』遭遇痛苦和身心受創的人」，李順子說，丈夫下臺後，家人經歷了許多事情，「每當遇到那些事情，丈夫都會說全是自己的過錯、是自己無德。」這雖是全斗煥方面首次就歷史罪行公開道歉，但簡短的道歉聲明卻僅限於「任內」，未包括成為總統之前下令軍事鎮壓的光州事件。「五一八紀念財團」說，李順子的道歉是「出於禮貌的無意義談話」，並無法安慰受難者。

作者於 2008 年 5 月 18 日出席在光州舉行的 518 紀念儀式。（作者攝）

百潭寺位於江原道麟蹄郡一處窮鄉僻壤。1988 年全斗煥夫妻入住靜修思過後，百潭寺更是聲名大噪。圖為遊客在百潭寺一個小房間外爭相觀看全斗煥夫妻閉門思過的所在。（作者攝）

1988 年全斗煥下臺後偕妻子在江原道偏僻的百潭寺靜修悔過，過了兩年暮鼓晨鐘的生活。（作者攝）

全斗煥與盧泰愚兩位卸任的南韓前總統出庭受審。（法新社）

作者於 2006 年 11 月陪同長官訪問韓國，與金泳三前大統領餐敘。

第二十三章

仰光爆炸事件

北韓認為一旦全斗煥被暗殺，便會在南韓社會引起共產革命。

繼一九七九年十月長期執政的朴正熙被親信刺殺，及一九八〇年五月光州事件之後，握有實際軍權的全斗煥於一九八〇年八月成為韓國總統。

在朴正熙掌權的一九六一年至一九七九年，長達十八年統治期間，按照南韓國情展開了「經濟開發五年計畫」和「新村運動」，使得南韓的農業和工業得到快速的發展，首都漢城也由朝鮮半島戰爭停戰後的一片廢墟發展成現代化的大都市，經濟迅速起飛，被稱之為「漢江奇蹟」，躋身所謂「四小龍」之一。

一九八二年政治漸趨穩定且經濟已大有改善的南韓，意圖取得一九八八年夏季奧運會主辦權，南韓政府先派員到非洲訪問，遊說非洲友邦支持南韓。一九八三年全斗煥總統計畫親自出馬，從十月八日起訪問南亞、大洋洲共五個國家，以爭取這些國家的支持。

南韓這種外交的努力自然引起北韓政府的憂慮，因為即使南韓最終沒有獲得奧運會主辦權，也可能使北韓在外交上受到孤立。北韓領導人金日成因此開始策劃暗殺全斗煥，但是當時的蘇聯領導人布里茲涅夫反對這個魯莽的計畫，並對金日成施壓。一九八二年十一月，布里茲涅夫死亡，蘇共中央總書記由安德洛波夫繼任。情報頭子出身的安德洛波夫對北韓的暗殺計畫產生興趣並表示支持。得到蘇聯肯定的金日成馬上下令北韓偵查局第七一一部隊執行暗殺全斗煥的任務。北韓認為一旦全斗煥被暗殺，便會在南韓社會引起共產革命。如果南韓軍隊向北進軍，北韓則可以順勢藉此反擊並「解放」南韓，整個計畫是由金日成的兒子金正日主持。

全斗煥一九八三年訪問的第一個目的地是緬甸，並且安排到緬甸國父翁山（aung hcan；翁山蘇姬之父）之陵墓參拜獻花，以示對緬甸的友好。北韓獲得有關情報後便開始部署，派間諜在翁山陵墓的頂部設置了可以遠程控制的炸彈。

十月九日，南韓大統領全斗煥抵達翁山陵墓之前，代表團其他隨行人員先行到達翁山陵墓並準備迎接總統。南韓安全人員則在事前對陵墓進行了檢查，但沒有發現朝鮮特務所裝設的炸彈。上午十點二十八分，在遠方隱蔽角落觀察的北韓特務把南韓駐緬甸大使李啟哲乘坐的車輛誤認為是全斗煥的座車，隨即啟動炸彈。威力強大的炸彈當場炸死副總理徐錫俊及外交部長李范錫等三名部長、共十六名南韓代表團成員以及四名緬甸人士，另有四十七人受傷，全斗煥因為晚到兩分鐘而倖免於難。事後，南韓政府緊急召開內閣會議，並下令全國軍隊進入緊急狀態，主張這樁恐怖襲擊的背後主謀是北韓。北韓則聲稱此事件是韓國的「苦肉計」，目的是為了尋求入侵北韓的藉口，朝鮮半島局勢頓時緊繃。美國及日本則聲稱，這次爆炸案的主謀有可能是南韓的反政府組織或緬甸少數民族武裝分子。爆炸案發生後，全斗煥決定取消所有活動並立即回國，緬甸政府則宣布驅逐所有北韓外交人員，並與北韓斷絕外交關係。

緬甸政府事後進行調查，發現這次爆炸事件的背後主謀是北韓。隨後，緬甸政府發現三名北韓特務，當場射殺一名犯人並逮捕嫌犯姜民哲和一名陳姓同謀。緬甸政府迅速進行審判且破例公開判決過程，整個過程中還使用韓語及英語。因為當時緬甸是推行不結盟政策的國家，所以他們的做法得到了世界各國的肯定。緬甸政府對陳姓人士判處死刑並執行，姜民哲則判了無期徒刑，但北韓方面則否認與這些嫌疑犯有關係。姜民哲在服刑二十五年之後，於二〇〇八年五月十八日因肝病而死亡。

此一重大事件發生之後，南韓方面可能曾經計畫進行報復行動，但具體情況外界無從知曉，最終也並未執行。南韓方面除了嚴厲譴責北韓的殘忍暴行及爭取國際的同情之外，恐怕也真是無計可施，實尾島事件（見本書第二十章）即是一例。

緬甸宣布與北韓斷絕外交關係後，隔了二十四年，兩國於二〇〇七年才恢復邦交。

第二十四章

韓航八五八號班機爆炸事件

「我所做的事就該被判處死刑，但是之所以逃過一死，我想是因為我是北韓所犯下恐怖罪行的唯一見證人。為事實做證，成為我的命運。」

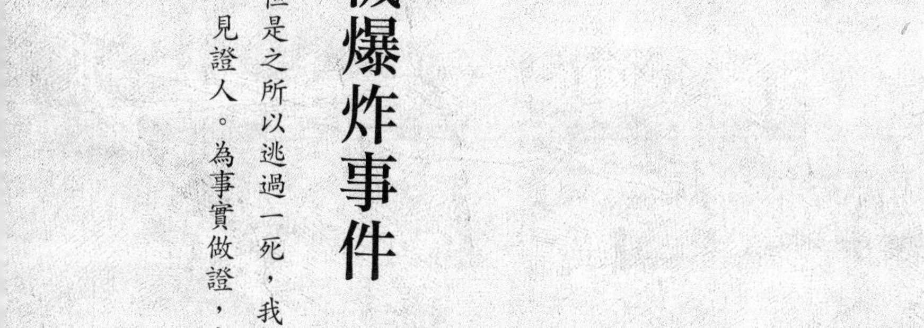

南韓於一九八〇年代起積極擴展與中東國家的貿易和承包工程，商旅往來漢城與中東之間頗為頻密，而且漢城已確定取得一九八八年奧運的主辦權，所以大韓航空（Korean Air）開闢了一條自漢城經曼谷、阿布達比到伊拉克首都巴格達的航線。

一九八七年十一月二十九日，大韓航空八五八號班機於巴格達起飛後，抵阿布達比中停，有若干旅客上下機，不久這架波音七〇七型客機再度起飛前往曼谷，下午二時在緬甸以南之安達曼海上空突然爆炸，機上一〇四名乘客和十一名機組人員全部罹難。

空難發生後，全球震驚，國際刑警組織立即介入調查，發現有兩名日本籍乘客金勝一與金賢姬兩人涉嫌重大。該二人逃亡途中在巴林被攔查，等待偵訊期間，他們趁警方不注意時拿出提包內裝有氫化物的香菸盒，各自拿出一支香菸，毫不猶豫地吞下毒藥，警方雖加以制止，但金勝一服毒後搶救不治；而金賢姬經過急救活了下來，之後被押解回南韓準備受審。

◆ ◆ ◆

當年僅二十六歲的金賢姬被押至漢城供述，她和搭檔金勝一（自殺身亡年七十歲）持偽造的日本護照，分別化名為「蜂谷真由美」及「蜂谷真一」，裝扮成父女，在巴格達登機後將一顆定時炸彈放置於他們座位上方的行李艙內，爆炸時間設定為九小時後，隨後兩人在阿布達比中停時下機。金賢姬還供述，她與搭檔金勝一都是朝鮮民主主義人民共和國（即北韓）的間諜，進行這次行動的目的在於阻止南韓舉辦漢城奧運會。但北韓政府否認此事為其所為，並認為這是南韓的栽贓，又再玩了一次「苦肉計」，把自己的飛機炸掉並誣賴北韓。

一九八九年四月，金賢姬被漢城法院判處死刑，但是由於她的坦白及合作，而且一九八八年漢城奧運也已順利舉行完畢，於一九九一年獲南韓大統領盧泰愚特赦。

此一事件後在南韓的要求下，美國宣布北韓為支持恐怖主義的國家，對北韓實施相關限制與制裁至二〇〇八年六月二十六日為止。但在二〇一七年十一月二十日，由於北韓進行第六次且是規模最大的一次核子試爆，美國再次將北韓列入支持恐怖主義的國家名單。

金賢姬（김현희），一九六二年一月出生於北韓首都平壤。她的父親是外交官，曾隨父派駐古巴，她的一個妹妹金賢玉及弟弟金賢洙則於哈瓦那出生。回到平壤後，由於她長相漂亮出眾，就讀小學時曾在電影中演出。後來金賢姬畢業於外國語大學日本語系，嫻熟日語，一九八〇年三月她被北韓特務機構相中加以網羅，並接受槍械及搏鬥技巧等間諜訓練；期間曾與被綁架到北韓的日本婦女田口八重子同住達二十個月，同住期間除學習日本語外，也學習日本文化及日本人的言行舉止。金賢姬喜歡的歌手是山口百惠，而不僅僅是山口百惠的曲子，她也會唱許多日本民謠，與一般日本人無異。

一九八〇年代中，經過數年的訓練，金賢姬遵照上級指示數度經由澳門潛入廣州。此時她已具有特務的技能與經驗了。

一九八七年十一月十二日，金賢姬與她的搭檔從平壤抵達蘇聯首都莫斯科，又轉機前往匈牙利首都布達佩斯，由北韓派駐當地的特務人員接待並住在他們的寓所六天。十一月十八日，這對偽裝成父女的雙人檔乘車抵達奧地利維也納，北韓派駐當地的特務交給他們每人一本經過變造的日本護照。他們裝扮成日本觀光客住在維也納一家旅館，並訂購了奧地利航空前往保加利亞首都貝爾格勒、伊拉克首都巴格達、阿布達比，最後轉往巴林的機票。他們同時也買了從阿布達比到羅馬的機票，作為B計畫。

十一月二十七日他們抵達貝爾格勒之後，另一組北韓特務交給他們一個日本製 Panasonic 收音機，裡面其實是一個已經裝有強烈炸藥的定時炸彈。第二天，十一月二十八日，這兩個北韓炸彈客搭乘伊拉克航空班機離開貝爾格勒抵達巴格達沙丹機場。在機場等了三個半小時之後，半夜十一點半他們登上此行目標的韓航八五八號班機。他們按照計畫將已設定九個小時的炸彈置於頭頂上的行李艙。飛行約兩小時之後飛機抵達阿布達比國際機場，兩個炸彈客下機，等候轉往巴林的班機。

韓航八五八號這架命運已定的班機在阿布達比短暫停留並上下客後，按照原定行程起飛前往曼谷。十一月二十九日，韓航八五八號班機於下午二時五分在緬甸首都仰光以南的安達曼海上空爆炸，機上一〇四名乘客和十一名機組人員全部遇難。至此，北韓這對間諜其實已算完成上級交付的任務。

韓航八五八號班機空難發生後，由於是國際重大事件，國際刑警組織立刻介入調查。警方發現，登記為日本籍乘客的「蜂谷真一」與「蜂谷真由美」的金勝一（真名李時雨）和金賢姬涉嫌重大。此時他們已順利逃往巴林。國際刑警趕往巴林進行圍捕，在二人預備登機離開時將其截留在機場。在等候偵訊時金勝一咬破預先藏在香菸中的氰化鉀膠囊自殺，當場死亡，而金賢姬則經急救倖存下來。

金賢姬被救回後，由於當時盧泰愚正尋求競選大統領，因此積極安排國際刑警引渡金賢姬回到南韓。一九八七年十二月十五日金賢姬被押至南韓受審，審訊的時候她堅稱自己是日本人，回答問題也使用日語。不過，當審訊人員問她，「住在日本時用的是什麼牌子的電視機？」金賢姬無意中說了一個北韓的國產電視品牌（真達萊牌，韓語杜鵑花之意）而被識破真實身分，才開始吐實，向法官表示引爆客機原因是為了破壞一九八八年的漢城奧運。

經審訊後，金賢姬於一九九〇年三月二十七日被南韓法院判以違反《國家安保法》和《航空法》判處死刑。後來獲得已當選為韓國總統的盧泰愚之特赦，特赦理由是：「她是能夠反駁事件是被捏造的唯一一名生存者，讓她活著對國家有利」。其實金賢姬雖然犯下炸毀韓航班機的滔天大罪，但是被押回漢城之後，電視經常播報有關她的新聞及談話，她表達了北韓的邪惡本質及該為此次爆炸案負責，有利於南韓的對內與對外宣傳。此外，金賢姬的美貌及楚楚可憐的模樣吸引了南韓許多光棍，稱她為「北韓艷諜」，不僅對她抱有好感，許多人甚至想娶她為妻。在這種有點奇怪的氛圍下，死刑犯金賢姬獲得特赦，並於一年後被釋放。

金賢姬出獄後，在南韓國家安全部門的保護下從事寫作及演講工作，先後出版的《金賢姬全告白》以及《現在，作為女人》大受歡迎，成為南韓及日本的暢銷書作家。一九九七年，金賢姬和曾經戒護她的南韓安全官員結婚，婚後育有兩名子女，成為一名不太普通的家庭主婦。南韓當局及她自己至今仍擔心遭北韓暗殺，身邊還有保鑣維護安全。金賢姬多次在節目上表明自己罪孽深重，對所有受害者家屬深感自責，有一次金賢姬接受美國廣播公司（ＡＢＣ）採訪表示：「我所做的事就

金賢姬在首爾面對媒體。

該被判處死刑，但是之所以逃過一死，我想是因為我是北韓所犯下恐怖罪行的唯一見證人。為事實做證，成為我的命運。」

二〇〇九年三月十一日，經由日、韓兩國政府安排，金賢姬在釜山與被北韓間諜綁架的受害者田口八重子（金賢姬曾與其共處達二十個月）的兄長飯塚繁雄及兒子飯塚耕一郎進行會面。他們在長談後舉行記者會，金賢姬向飯塚耕一郎表示其母親田口八重子仍然活著。次年，二〇一〇年金賢姬在空難事件後首次由南韓飛往日本，與被北韓綁架者橫田惠[7]的父母見面。

爆炸案發生後已過三十幾年，金賢姬有時還出現在南韓電視節目，已近六十歲的她除了身材較年輕時稍胖一些，沒有什麼其他明顯變化，長相仍舊十分清麗，接受記者的訪談時，依然面帶愧色侃侃而談她對北韓各項舉動的看法。

7 橫田惠，一九六四年十月十五日生於日本新潟，是被北韓綁架的十七名日本國民之一。她於一九七七年十一月十五日被綁架之時，年僅十三歲。之前北韓政府一直否認對她的綁架指控，二〇〇二年的雙邊高峰會談上，北韓領導人金正日正式向日本總理小泉純一郎承認了該綁架事件。根據北韓政府提供的物證，橫田惠已經死亡。但是日本政府就這些物證提出多點懷疑，使得其生死情況至今仍然存在爭議。這一事件揭露了日朝兩國長達十餘年、至今仍未解決的北韓綁架日本人問題。

第二十五章

江陵潛艇滲透事件

江陵潛艇滲透事件原本是北韓一次例行的間諜任務，但最終變成了一場災難。

韓戰於一九五三年停戰後，敵對雙方仍持續不斷設法滲透對方、刺探蒐集情報，甚至發動突襲與破壞。最嚴重的就是一九六八年一月二十一日的青瓦臺事件，再來就是一九九六年九月，北韓派一批特種部隊人員搭乘一艘「鯊魚級」（Sang-O class）潛艇滲透至韓國東海岸的江陵事件。

「鯊魚級」潛艇是北韓模仿南斯拉夫「英雄級」所建造的微型潛艇，全長三十四公尺，排水量二七七噸，乘員二十餘人，屬於小型潛艇。武器有兩具五五三公釐魚雷發射管，航速約八節，最深可達一五〇公尺。北韓服役中之該級潛艇約有三十六艘。

北韓該批滲透人員共有二十六人，其中五名屬特種部隊偵察小組，二十一名是潛艇工作人員。特種部隊人員的任務是蒐集江陵附近軍事設施的情報，而潛艇工作人員的任務是對海灘和附近的設施進行拍照。

一九九六年九月十五日晚間十九時許，潛艇抵達江陵市海岸線附近海域。三名特種部隊偵察小組和兩名護衛人員戴著簡易水肺離開了潛艇，向岸邊游去。約二十一時，他們抵達了海岸，特種部隊人員開始偵察任務，而兩名護衛人員則返回潛艇。接著潛艇離開南韓領海，回到國際水域。

第二天，九月十六日晚間，潛艇返回前述水域擬按照計畫撤回特種部隊偵察小組。但撤回行動未成功，潛艇被迫返回國際水域。

第三天，九月十七日晚，潛艇再次進入南韓水域，再度嘗試撤回小組成員。約二十一時，潛艇擱淺，最後停靠在安寧海灘（位於江陵以南五公里）二十公尺處。潛艇全體人員進行各種努力，但未成功，且潛艇因為擱淺而導致毀壞，卡在礁岩上動彈不得。艇長鍾勇久上尉被迫下令棄艇，他們在離開前放火銷燬潛艇上的文件與重要裝備。接近半夜時，二十三名北韓軍人帶著所能攜帶的武器和裝備上了海灘，與原已登陸的三名特種部隊人員會合並躲入附近樹林中隱藏。

十八日約一時許，韓國一名計程車司機看到一群人在江陵沿海高速公路附近走動，行動詭異，而且附近的海上有一個大型不明物體。他因此起疑並立即向當局報告。南韓陸軍和警察得到通知後立即趕往該地，開始進行封鎖和搜索北韓滲透人員。北韓軍人很快分成幾個小組衝向內陸山林，南韓陸軍和警察隨即對他們展開長達五十天的追捕。

約五時，南韓參謀總長金東鎮下命令在整個江原道及附近地區實施「珍島犬警戒令」[8]。南韓陸軍總計動員了約四萬名兵力，出動直升機和軍犬支援對滲透人員的追捕行動。反滲透行動覆蓋區域的半徑為五十公里，由陸軍士兵和警察層層包圍，並且對該地區實施宵禁。

天亮後，南韓海軍一支特種部隊登上潛艇，發現裡面有一挺捷克造機槍，一把AK-47步槍，約二五〇發子彈和其他物品。隔兩天，南韓海軍將這艘有如龍困淺灘的「鯊魚級」潛艇拖至通河港，並對潛艇展開了全面的檢查。後來南韓將這艘擄獲的北韓潛艇在江陵海岸公開展示供民

---

8 珍島位於朝鮮半島西南端外的一個島嶼，屬全羅南道。珍島所產的犬隻稱為珍島犬，體型中等，極為忠心、勇猛且機警，被視為南韓的「國犬」。該警戒令是南韓對北韓發布的專用警報。

眾參觀。其實南韓似乎可以考慮把該潛艇與被北韓劫持並公開展示的美國間諜船普韋布洛號（見本書第二十章），以「交換俘虜」的方式兩相互換。

在南韓軍警嚴密的包圍與搜捕之下，有十一名北韓軍人轉移至離潛艇擱淺處西南八公里的一座三百公尺高的山丘上。九月十八日約十七時，南韓士兵到達這座山頂空地上，發現有十一名北韓軍人的屍體。其中的十具屍體排列成一條直線，而另外一具屍體（海軍部金東源上校）則在不遠處的空地另一邊。這些身亡的朝鮮人都穿便裝和白網球鞋。南韓陸軍的報告稱，所有十一名北韓人都是由於頭部受近距離槍擊而身亡，有可能是一名或多名特種部隊人員槍殺了同伴，也有可能是其中一名人員射殺了他的同志後自殺。死者包括北韓潛艇指揮官及偵察局正、副主任。

九月十八日擔任潛艇舵手的李光素中尉遭到南韓士兵逮捕。南韓情報官在偵訊時動之以情並讓李某喝了幾杯燒酒之後，李某原本強硬的態度軟化，願與情報官合作。南韓當局隨後將李光素中尉帶至漢城，在記者會上李光素表示他們不是在訓練，而是執行一場偵察任務，這項任務是為一場大型戰爭做準備。李光素還稱，他的同志告訴他說十一名艇員被自己人槍殺，這是因為他們不夠強壯，可能會被俘虜。他說，他們被告知為避免被敵人俘虜，必須自殺等語。

江陵潛艇滲透事件發生後，九月二十日，時任南韓大統領的金泳三表示，這是北韓一次武裝挑釁，而不只是簡單的間諜人員滲透活動，任何針對南韓的進一步挑釁都將可能會引發一場真正的戰爭。值得注意的是，一九六〇年五月二十四日，一股北韓軍潛入南韓慶尚南道巨濟島一個漁村製造騷亂，當時金泳三在漢城擔任國會議員，他的母親在巨濟島自宅內遭北韓特務槍擊身亡。因此金泳三大統領對於北韓的滲透行動比起一般人當有較強烈的感受。作者於二〇〇八年訪問巨濟市，還特地前往金大統領的生家（出生的家）參觀，並拍下一九六〇年北韓特務開槍所留下的彈孔。

而北韓回應稱，北韓人民軍武裝部隊的潛艇是遇到動力故障而漂流至南方，潛艇人員沒有辦法才只好登上南韓領土。

事件發生後，一九九六年十月一日，南韓一名外交官崔度昆在俄國海參崴被暗殺，他的死亡恰是發生在北韓威脅要對南韓槍殺北韓滲透人員實施報復不久。這名外交官的屍體裡發現一種毒藥，這種毒藥與北韓滲透人員所攜帶的毒藥屬於同一種類。

從九月十九日至三十日，陸續有十一名北韓軍人死於與南韓軍警的交火，南韓軍人也有傷亡。剩餘的北韓滲透者均沒有投降的意願，他們只想著向北逃亡，設法通過軍事分界線返回祖國。從江陵要回到他們的祖國北韓，最直接的路線就是沿著東海岸一路往北經過襄陽、束草及高城後，設法穿過非軍事區即可抵達北韓。但是這條路沿線都布滿南韓部隊，是行不通的。另一條比較可行的路線是進入襄陽後沿著雪嶽山南麓朝西北方向穿過寒溪嶺，再進入麟蹄郡後一路往北跨越非軍事區回到北韓。

從十月至十一月五日，南韓陸軍不斷地在追蹤繼續朝向西北方逃逸的最後一批三名滲透人員。這三名人員分成兩組，其中兩人一組，另外一人單獨行動。
十一月五日，南韓搜索部隊在非軍事區以南約二十公里，江陵西北約一百公里的江原道麟蹄郡附近，追上了兩名滲透人員。經過三次交火，這兩名逃亡四十幾天的北韓特務終被槍殺身亡，而他們死前也槍殺了三名南韓士兵及擊傷十四人。
此次滲透行動的結果是在二十六名北韓滲透人員中，一名被俘、十一名自殺、十三名在與南韓陸軍的交火中喪生、一名返回北韓。而南韓則共有十六人喪生（包括軍警和平民）、二十七人受傷。南韓追捕滲透人員的行動從一九九六年九月十八日開始，至十一月五日韓國士兵槍殺最後兩名滲透者而告終，共持續四十九天。
江陵潛艇滲透事件原本是北韓一次例行的間諜任務，但最終變成了一場災難。此次事件顯示出北韓一直在準備戰爭，並且他們的長期目標是通過政治或武力實現朝鮮半島的統一。
雖然如此，一九九六年的這樁潛艇滲透事件長達五十天，最終還有一個特務成功越過非軍事區，成為北韓英雄，其經過有如好萊塢電影般曲折離奇刺激，表示北韓的特種部隊是訓練有素、忠於職守的戰士，在戰鬥中寧死不投降。二十餘名北韓軍牽制了四萬名南韓部隊，耗費南韓大量的資源，帶來嚴重的麻煩。以小博大，確實值得世人警惕與注意。

北韓滲透者登陸江陵後就一路往西北逃亡，他們先經過襄陽郡，再順著山勢地形經過太白山嶺東和嶺西地區的交通孔道寒溪嶺進入麟蹄郡，麟蹄郡北界是非軍事區，此處就離家不遠了。昔時通過寒溪嶺只有一條土路，行大不易，一九七一年連接襄陽與麟蹄的四十四號公路開通後，由於沿途雪嶽山區的群山峻嶺、溪谷溫泉及茂密的植物所構成的風景極為優美，成為韓國最佳兜風路線之一。

這三名訓練有素的北韓特種部隊菁英在後有追兵的驚險情況下，來到寒溪嶺這條必經之路，這必然是他們逃亡計畫的最困難所在。其中兩人穿越過寒溪嶺之後，在非軍事區以南僅二十餘公里處被南韓軍發現行蹤，數度交火後擊斃，他們也抵達逃亡與生命的終點。

僅存的一名北韓特種兵則有如電影《第一滴血》裡的藍波，具有堅定的鬥志、強健的體魄與各種生存技能，突破南韓部隊的重重包圍，躲過追兵及軍犬，在兩名同志陣亡後，還孤獨一人在高低起伏的山巒或溪谷裡忍受飢寒達四十幾天，克服萬難繼續向北前行，最後還穿越鐵絲網、地雷及南韓士兵嚴密巡邏的非軍事區，終於返抵他的祖國。

江陵潛艇滲透事件之前，南韓歌手河德奎於一九八〇年代寫了〈寒溪嶺〉（한계령）這首膾炙人口的歌曲，實力派女歌手楊姬銀無瑕地予以詮釋。聽了之後多少可以體會那位「北韓藍波」當時的情境。

寒溪嶺

저 산은 내게 우지 마라 우지 마라 하고
那山巒勸我莫哭泣莫哭泣
발 아래 젖은 계곡 첩첩산중
腳下溼溼的谿谷層巒疊嶂
저 산은 내게 잊으라 잊어버리라 하고
那山麓勸我忘了吧，忘了吧
내 가슴을 쓸어버리네
撫平我心胸

아! 그러나 한 줄기 바람처럼 살다 가고파
啊，然我心願如一陣風
이 산 저 산 눈물 구름 몰고
猶如此山彼巒驅淚雲

다니는 떠도는 바람처럼
浪跡天涯的風

저 산은 내게 내려가라 내려가라 하네
那山巒勸我下山勸我下山
지친 내 어깨를 떠미네
輕推我疲憊的肩膀
아！그러나 한 줄기 바람처럼 살다 가고파
啊，然我心願如一陣風
이 산 저 산 눈물 구름 몰고
猶如此山彼巒驅淚雲
다니는 떠도는 바람처럼
浪跡天涯的風

저 산은 내게 내려가라 내려가라 하네
那山巒勸我下山勸我下山

지친 내 어깨를 떠미네
輕推我疲憊的肩膀

◆ ◆ ◆

除上述鯊魚級微型潛艇外，北韓在一九六〇年代也根據南斯拉夫的設計圖建造「南聯級」潛艇（Yugo class submarine），長二十公尺，排水量僅九十噸，同樣屬於微型潛艇，也被北韓用於對南韓進行特工滲透。

一九九六年的江陵潛艇滲透事件之後，一艘北韓南聯級潛艇於一九九八年在江原道束草（江陵以北）附近海域被南韓漁船的魚網纏住而被捕獲。撈起時，四名北韓特種部隊隊員與五名乘員已自殺身亡。

北韓利用出口南聯級潛艇賺取外匯。一九九七年，北韓出口兩艘南聯級潛艇到越南；二〇〇七年，運給伊朗四艘以償還部分積欠伊朗的債務。

◆ ◆ ◆

中華民國海軍自二〇一四年起就規劃自製防禦潛艦，又稱潛艦國造，擬自行研究發展設計建造柴電潛艦。消息傳出後有來自歐、美等國十幾家生產潛艦相關系統設備的廠商，都表達願意參與潛艦國造。據傳，北韓也曾委託貿易商來臺推銷二七七噸的鯊魚級小型潛艇。但北韓因二〇〇六年實施核子試爆而遭到國際的各種禁運及限制，所以北韓向臺灣推銷潛艇的意圖，在短暫接觸後就無疾而終。

◆　◆　◆

上述北韓潛艇的滲透地點是南韓東海岸的江原道江陵市，而南韓面額最大的紙鈔五萬圜及五千圜鈔票上的人物，就是來自江陵的申師任堂及李珥母子。

申師任堂（一五〇四～一五五一年）是韓國賢妻良母的代表人物，出生於江原道江陵的一個兩班貴族家庭，從小耳濡目染接受良好的家庭教育。她天性聰慧多才多藝，自幼熟讀經文，善於寫作、針工、刺繡、寫詩、作畫。申師任堂十九歲嫁給德水李氏家族貧窮子弟李元秀，刻苦耐勞相夫教子，育有四男三女，她都悉心教導，全部培養成才。

申師任堂及李元秀子女中最傑出的是第三子李珥（一五三六～一五八四年），自幼聰穎過人，八歲便能作漢詩。十三歲時李珥初露鋒芒，通過進士初試，開始他璀璨的一生。李珥參加過九次科舉考試均列榜首，因此時人稱其為「九度狀元公」。朝鮮時期儒學盛行，李珥最後成為李氏朝鮮的思想家、政治家和教育家。李珥與其師傅退溪李滉（韓幣一千圓紙鈔上的人物）合稱為朝鮮「儒學雙璧」。李珥在韓國地位崇高，二〇〇八年下水的一艘南韓海軍驅逐艦被命名為「栗谷李珥號」，為南韓繼「世宗大王」號之後的第二艘神盾驅逐艦。

1996 年被南韓虜獲的北韓鯊魚級潛艇在江陵展示，供遊客參觀。（摘自 Wikipedia）

正東津是位於江陵市的一個小漁村，之所以得名，是因為它是朝鮮時期漢陽景福宮光化門正東方海邊的一個碼頭。兩個阿兵哥也慕名前來留影紀念。（作者攝）

寒溪嶺。（作者攝）

寒溪嶺一帶的居民正在晾曬東海（日本海）捕獲的明太魚。「北韓藍波」在向北逃亡的途中也很可能取得這種食物充飢。（作者攝）

南韓五萬圜及五千圜鈔票人物正是來自江原道江陵的申師任堂及李珥母子。（作者提供）

第二十六章

界線不明而紛爭不斷之西海五島

由於海上分界線不清引發主權爭議，西海五島注定成為一個南北韓之間紛爭不斷的熱點。

西海五島

西海五島是指位於朝鮮半島北韓與南韓西海（南北韓皆稱黃海為西海）岸交界的五座離島，分別是延坪島、隅島、白翎島、大青島及小青島等五座島嶼，總面積還不到七十平方公里。除隅島外，其餘各島原屬黃海道，一九四五年朝鮮半島以三八線南北分治時歸南韓所轄並改隸京畿道，韓戰期間曾一度被北韓攻占，後復歸南韓控制。西海五島大致分成兩個島群，延坪島及隅島比較接近南韓本土，白翎島、大青島及小青島則與南韓本土相距較遠，前往該三島必須往南繞行避開北韓之控制區域。韓戰停戰後依據停戰協定所劃定的北方界線出現了爭議，使南北韓雙方均聲稱擁有該區域主權，停戰之後迄今仍由南韓實際控制，成

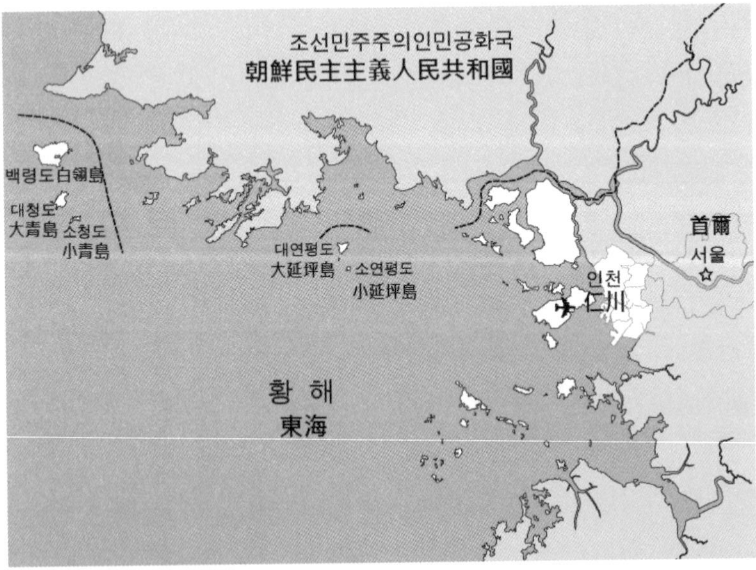

為所謂西海五島問題。由於界線不清，導致引起主權爭議，西海五島注定成為一個南北韓之間紛爭不斷的熱點。

聯合國軍與北韓對於海上分界線未有共識，因此它並未包括在《朝鮮停戰協定》內。一九五三年八月三十日，在雙方未能達成共識的情況下，聯合國軍設定了北方界線（Northern Limit Line; NLL）。事實上北韓方面最初沒有對該界線表示任何意見，但後來開始質疑其有效性，並設定自己的南方警戒線。南北韓曾多次就此召開軍事會議，但南韓方面持續堅持立場，雙方未就此達成共識；因此雙方在一九九九年至二〇一〇年之間在西海五島附近多次發生軍事衝突，對南北韓雙邊關係有嚴重負面影響。

◆ ◆ ◆

第一次延坪海戰

一九九九年六月十五日上午九時二十八分，北韓海軍約十艘警備艇護送北韓漁船越過黃海延坪島附近的北方分界線捕蟹，遭到南韓海軍阻止。北韓艦艇首先發起攻擊之後，南韓海軍艦艇開火，並使用衝撞及推擠的方式對付北韓艦艇，在雙方交戰僅十四分鐘後南韓方大獲全勝。北韓至少三十人死亡，七十人受傷，一艘魚雷艇被擊沉，五艘艦艇嚴重損傷，另四艘艦艇中度損傷；而南韓只有十一名士兵受傷，兩艘艦艇損傷。

在戰鬥結束後當天晚上十點召開的聯合國軍與北韓板門店會談中，北韓代表稱：「上午九時十五分，因為韓國的先發攻擊引發了戰鬥。」聯合國軍經過調查後發現：戰鬥於九時二十八分開始是北韓的失誤所致，北韓作戰的預定時間為九時十五分。

此次衝突被稱為第一次延坪海戰，是繼韓戰一九五三年停戰之後南北韓之間最大規模的正規作戰。雙方曾因此加強戒備調動海空武力，所幸事端未進一步擴大。為紀念此次海戰，南韓在京畿道平澤海軍第二艦隊司令部的忠武花園，修建了第一次延坪海戰勝利碑。據悉當時南韓在幾個月之前就預料到北韓可能在黃海進行挑釁，所以事前已提高警覺有所防備。

第二次延坪海戰

第一次延坪海戰後隔了三年，二〇〇二年六月世界盃足球賽在南韓各大城市舉行，南韓上下皆沉醉在觀賞這一系列世界矚目的賽事。六月二十九日晚間八點，在南韓大邱市將要舉行世界盃足球賽的季軍賽，韓國對土耳其，這也是在韓國主辦的最後一場賽事。在此之前，南韓靠著充滿爭議的判決而接連擊敗葡萄牙、義大利及西班牙等強隊後挺進四強，飽受國內外批評。

心存報復已久的北韓海軍早已規劃蓄意尋釁滋事。六月二十九日季軍賽的當天上午十時許，首先派遣兩艘俄國製二〇一型獵潛艇[9]（三八八艇、六八四艇）越過聯合國軍設定的北方分界線，並被南韓海軍二三二編隊虎頭海鵰級巡邏砲艇[10]（三五七艇、三五八艇）攔截。三八八艇因航線被擋，向北返航。六八四艇則在被攔截時，主動攻擊三五七艇，南韓二三二編隊隨即緊急呼叫。南韓海軍二五三編隊（三二八、三六九艇）、二五六編隊（三二七、三六五艇）分別於十時三十三分和十時三十分進入戰場。北韓六八四艇隨即與六艘南韓艦艇交火。十時五十一分勢單力孤的六八四艇起火。北韓三八八艇趕回救援六八四艇，終回到北韓水域。南韓三五七艇則受到重創，於十一時五十九分沉沒。

此役南韓稱之為第二次延坪海戰，南韓死亡六人，負傷十八人；南韓推測北韓死亡十三人、負傷者二十五人。為紀念這次海戰，南韓在京畿道平澤海軍第二艦隊司令部修建了第二次延坪海戰勝利碑。實際上對南韓而言，此次戰役損失了一艘巡邏艇，且艇長也陣亡，實在很難算是勝

9 北韓俄製二〇一M型獵潛艇，長四十二・四米、寬六米、吃水一・八米、滿載排水量二五〇噸。主要武器是兩座雙聯裝二十五毫米機關砲，四座RBU-1200五管反潛火箭發射器，以及兩座深彈滑軌。

10 南韓虎頭海鵰型巡邏艇長三十七公尺、寬六・六三公尺、滿載排水量一七〇噸。主要武器是一座 Bofors 四十毫米六十倍徑機砲、兩座二十毫米旋轉機砲，及二挺七・六二毫米機關槍。

利。後來南韓自行研發製造的飛彈快艇，即以在海戰中犧牲的艇長尹永夏少校命名為「尹永夏級」飛彈快艇。

第二次延坪海戰爆發後，南韓三軍立即提高警戒級別。當天下午南韓總統金大中在青瓦臺緊急召開國家安保會議，會後發表聲明要求北韓因此事件違反停戰協議道歉。然而稍後金大中又表示這是「雙方下級軍官造成的偶發事件」，對北韓釋出緩和信號。海戰後次日（六月三十日）上午金大中按照原定行程前往日本埼玉縣參加世界盃足球賽決賽與閉幕儀式（二〇〇二年世界盃足球賽是南韓與日本共同主辦，雙方事前協議賽程及閉幕典禮在日本舉行），並與日本首相小泉純一郎進行會談。面對嚴峻的國安情勢，金大中的態度與處理方式受到國內各方及海軍殉職官兵家屬的嚴厲批評；各種跡象顯示，北韓此次發動攻擊事前經過縝密規劃，金大中之「陽光政策」過於軟弱，顯然無法有效應對北韓之蓄意挑釁。

我們必須瞭解金大中處理此事的時空背景。金大中於一九九八年二月接替金泳三入主青瓦臺之後，在「對北問題」上採取「陽光政策」，並與北韓領導人金日成於二〇〇〇年六月在平壤成功舉行歷史上第一次南北雙邊會談，會後發表《南北共同宣言》，他也因此得到當年的諾貝爾和平獎。頂著諾貝爾和平獎桂冠的金大中在處理與北韓的問題時，當然有他自己的考量與負擔。

南韓軍方在第二次延坪海戰後對現有之海軍巡邏艇火力與裝甲都進行換裝與改善。原來的巡邏任務由兩艘巡邏艇組成一編隊，後來改為每編隊均增加到三艘巡邏艇，而且都要有一艘護衛艦在後面伴隨。交戰原則（Rule of Engagement; ROE）原來有五道程序，因過於繁瑣，經過此次海戰後改為三道，使得第一線人員不再綁手綁腳，可以因時因地制宜靈活運用。當然這也增加了第一線人員擦槍走火的可能性。

大青島海戰

二〇〇九年十一月十日上午十一時許，一艘北韓的巡邏艇可能是為了驅趕非法捕魚的中國漁船而越過北方界線，南韓海軍派出在鄰近海域執勤的四艘虎頭海鵰級巡邏艇及二艘浦項級護衛艦前去處理。南韓一艘巡邏艇（三二五艇）使用新的交戰原則，先對越界的北韓巡邏艇進行數次警告廣播及示威機動，北韓巡邏艇不予理會，南韓三二五艇先進行警告性射擊仍無效，接著就直接對北韓巡邏艇進行射擊，於是雙方開始交火。

此次雙方海上衝突僅持續兩分鐘，船多勢眾的南韓僅有巡邏艇遭到了表面損傷（十五個彈孔），沒有傷亡。北韓巡邏艇則受創起火退回北方界線以北，約有十餘名水兵受傷。

天安艦事件

二〇一〇年三月二十六日晚間，南韓海軍一艘浦項級巡防艦天安號（PCC-772）[11]，在黃海大青島與白翎島之間海域進行巡邏任務時，突然發生劇烈爆炸沉入海底，造成四十六名官兵死亡與失蹤，只有包括艦長崔元日在內之五十八人獲救。

四月二十四日，距事故發生將近一個月後，南韓軍方人員將沉沒的天安艦殘骸成功打撈出水，同時也找到一具遇難者遺體。四月二十九日，南韓政府在平澤市海軍基地為罹難官兵舉行官方葬禮，總統李明博親自出席悼念儀式。

天安艦爆炸事件令南韓及世界各國震驚，但是當時爆炸事故附近水面並無北韓船

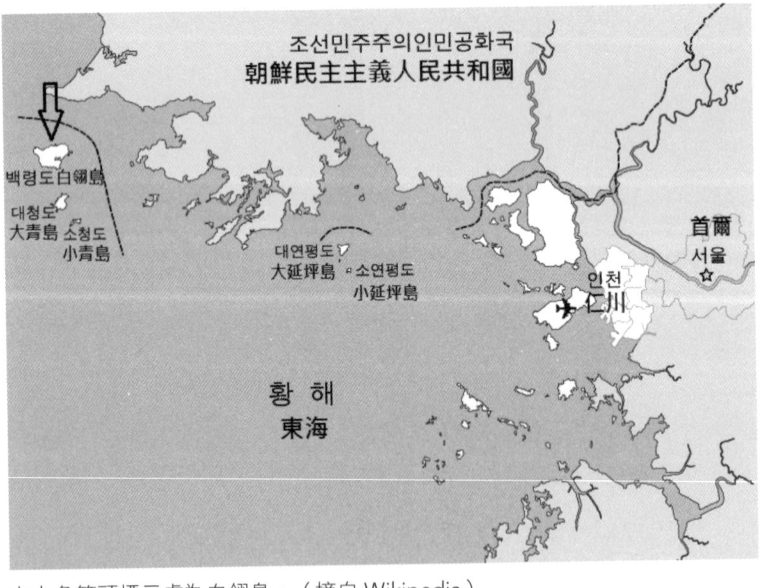

左上角箭頭標示處為白翎島。（摘自 Wikipedia）

隻，所以一般合理推測是天安艦碰觸水雷或北韓潛艇發射魚雷攻擊所致。北韓則立即否認與此事件有關，嗣後於四月十七日，北韓中央通訊社宣稱南韓無法找出事故原因，好戰分子和右派保守人士利用媒體宣傳，把這起多人死亡的悲劇性事件責任推到北韓頭上，還試圖編造沉船的理由，認為沒有必要回應南韓推卸責任的處事態度。美、日、俄、中等各國政府也陸續發表看法，但是眾說紛紜，莫衷一是。而據各國多家媒體四月二十二日報導，南韓軍方與美國共同收集的情報已認定是北韓鮭魚級微型潛艇發射的魚雷攻擊，導致南韓天安艦沉沒。

事故發生後不久，南韓組織一個由南韓、美國、英國、澳大利亞、瑞典等多國專家組成的「軍民跨國聯合調查小組」（Civilian-Military Joint Investigation Group; JIG），但未包括北韓在內，對事故進行調查。二〇一〇年五月二十日，事件發生後兩個多月，該多國專家調查小組報告指稱，推測天安艦遭北韓潛艇發射魚雷擊沉。聯合國安理會在報告中認定此為一次攻擊，但並未認定攻擊者。上述調查結果發表後，北韓駐聯合國大使申善虎立刻進行反駁，稱北韓與天安艦事件毫無關係，南韓方的調查缺乏科學依據和有力證據，讓人無法接受等語。

五月二十日，多國專家聯合調查小組調查報告發表後，李明博表示南韓將對北韓採取嚴厲措

---

11 天安艦（PCC-772）是南韓海軍一艘浦項級巡防艦。該艦於一九八九年十一月開始服役。排水量為一二〇〇噸，艦長八十八．三米、寬十米、吃水二．九米，最大航速為三十二節。

施，並尋求國際合作以使北韓承認其應負責任。在對北韓投資方面，南韓政府規勸開城工業區入駐企業要適時轉移機器資產，員工要保護好自己。五月二十一日，南韓政府表示從過去的青瓦臺事件、仰光爆炸案、韓航八五八班機空難、江陵潛艇滲透事件、暗殺黃長燁、綁架申相玉及崔銀姬事件得知，均係由北韓偵查總局主導，而不是北韓軍方所為。

五月二十四日，南韓總統李明博通過「對國民談話」表示：天安艦遭北韓突襲而沉沒，北韓將為此付出代價。為了追究北韓的責任，從這一刻起，北韓船隻不得再根據《南北海運協議》進入南韓海域航行，南北韓間貿易、交流與合作也將中斷。南韓的領海、領空和領土如遭北韓的武力侵犯，將立即進行自衛。同時也將與國際社會進行合作，南韓將與有關國家緊密協商之後把這一事件提交聯合國安理會。而將進一步強化韓美聯合防禦姿態。

安全理事會於會後強烈呼籲兩韓克制，避免朝鮮半島緊張局勢升級。也表示安理會深表關切並注意到其他有關各方的反應，包括朝鮮表示與此事件毫無關係。安理會再次呼籲兩韓應避免衝突升級。

九月十三日，南韓國防部公開發表的正式調查結果指稱，魚雷當時沒有直接命中船體，而是在幾米外的距離爆炸，形成的氣泡及衝擊波損壞船殼，導致沉沒。與五月二十日的報告不同之處在於，將螺旋槳變形由接觸海底改為受停轉應力所致；因值班人員的報告和聲納記錄，以及附近執勤的束草艦（PCC-778；與天安艦同屬浦項級巡防艦）的各項報告中，沒有發現朝鮮潛艇甚至任何一國潛艇的證據，故未指是北韓潛艇所為。

所以南韓天安艦爆炸沉沒事件，雖然南韓本身及聯合國的調查結果都指向北韓應該負責，但是卻缺乏明確證據，因此就這樣不了了之。

南韓媒體《朝鮮日報》後來報導稱北韓的一些文件，暗示了是朝鮮勞動黨總書記金正日之子金正恩製造了天安艦事件。

二〇二一年十一月南韓海軍最新的一艘巡防艦在蔚山現代重工造船廠下水，被命名「天安艦」（FFG-826），以紀念十一年前疑似遭北韓魚雷擊沉的同名艦。這艘二八〇〇噸的新天安艦是大邱級巡防艦（Daegu-class frigate）的七號艦，擔任近岸護衛任務，比原來的浦項級一五〇〇噸巡邏艦天安艦幾乎大了一倍。

新天安艦的定名與下水儀式，對於當年的襲擊倖存者、遇難者家屬具有象徵意義。但天安艦的艦長崔元日未參加此次活動，以抗議韓國通訊傳播委員會竟然不取締網路流傳的天安艦事件陰謀論。

延坪島砲戰

二〇一〇年十一月二十三日上午十時，南韓在延坪島附近海域上進行預定年度例行的軍事砲擊演習。當日，北韓曾要求南韓停止有關軍事演習，並宣稱不會容忍對自己領海的砲擊，但南韓方面不予理會，並向南韓己方的水域進行了發射砲彈的演習。

在當日時間下午約二時三十四分，北韓人民軍開始向南韓延坪島砲兵陣地射擊。延坪島上的南韓軍事設施隨即在砲擊中起火，南韓方面立刻用 K-9 自走砲（六輛中有四輛正常開火）向北韓海岸砲部隊基地還擊。北韓遭到南韓還擊後，隨即又進行了反攻。北韓的砲擊造成延坪島上多處居民區停電與火災。南韓的砲擊也造成了北韓方面的損失。南韓軍方命令疏散平民躲進防空洞等避難設施內，且快速重新組織在島上的戰

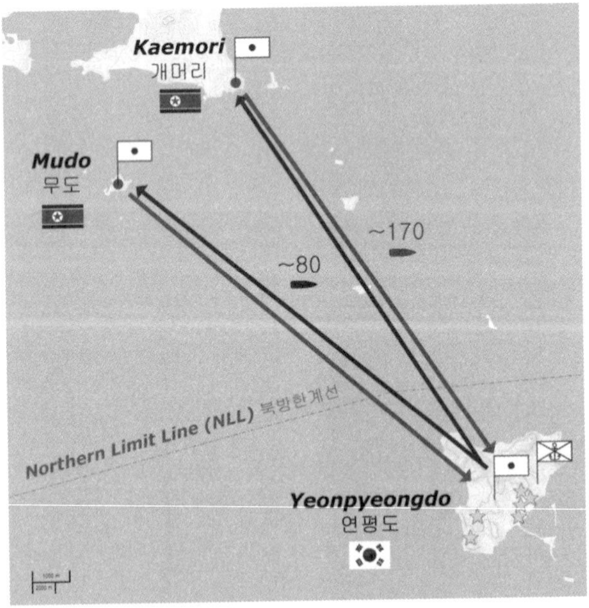

2010 年 11 月 23 日延坪島砲擊示意地圖。（摘自 Wikipedia）

力，並迅速派遣 F-15K、F-16 戰鬥機協防空域。

本次砲擊造成延坪島上多人傷亡，兩名南韓士兵死亡，兩名平民死亡，至少十三名軍人受傷（三人重傷）。攻擊行動同時造成島上多處起火。北韓方面一直未公布己方延坪島傷亡情況。但一年後日本親北韓的《朝鮮新報》聲稱：朴永洙等五名人民軍戰士日前被追授「延坪島海戰烈士」，記一等功。還稱這五人「被南朝鮮傀儡軍的火砲擊中身亡」。

砲擊事件發生後次日，十一月二十四日，韓美兩國決定在南韓西海（即黃海）實施兩國聯合軍事演習，美國派遣第七艦隊的喬治．華盛頓號航空母艦、考本斯號巡洋艦及數艘驅逐艦等組成航母戰鬥大隊。據分析，此次美國航空母艦參加軍演主要是針對中國，意在向中國傳遞訊息，要求中國積極向北韓施壓。同一日，中國外交部長楊潔篪以「日程原因」推遲了原預定於十一月二十六日抵達南韓的訪問行程。據南韓《朝鮮日報》的報導，「外交界普遍認為，這是對美國派遣喬治．華盛頓號航空母艦參與西海軍演的抗議」。南韓國防部長金泰榮於十一月二十五日向李明博總統請辭以示負責。

延坪島砲擊事件並未就此平息，二〇一一年八月十日下午北韓向「北方界線」海上發射了海岸砲。對此，南韓軍方進行了回射，下午兩點用 K-9 自走砲進行應對射擊，共發射三枚砲彈。南韓軍和當地居民均未受損失。同日下午七時許，北韓又向「北方界線」海上發射了三枚海岸砲，南韓軍方對此亦再度進行了回射反擊。

二〇二二年二月十六日，北韓官方媒體證實在二〇一〇年的延坪島砲擊事件中，金正恩親自指揮北韓軍回應南韓方面的軍事挑釁。這是北韓首次實名提到延坪島砲擊事件是由金正恩主導指揮。

◆ ◆ ◆

二〇二二年十月二十四日，一艘北韓商船於該日凌晨向南越過北方界線，南韓軍方開砲驅離並廣播示警，隨後北韓軍方也指控南韓戰艦越界，並且發射十枚火砲警告驅離。為原本界線不清而糾紛頻傳的西海五島再掀波瀾。此一事件是北韓商船在中國大陸二十大會議閉幕隔日越界，並針對南韓的防衛發射砲彈回擊，很有可能是故意挑釁，也有可能是為了試探南韓軍方的戒備狀態。

天安艦被打撈吊起的情形。（南韓國防部）

2009 年 10 月停泊在釜山軍港的美國喬治・華盛頓號航空母艦（USS George Washington）。（作者攝）

第二十七章

北韓金氏王朝第三代金正恩登場

金正恩牢牢掌握北韓的黨、政、軍大權，而且他實施「恐怖統治」，無人敢挑戰其權威。

金正恩（김정은／Kim Jong-un），是北韓（朝鮮民主主義人民共和國）現任及第三代最高領導人。金正恩一九八四年一月十八日出生於江原道元山市，並在這個濱海城市度過了童年時期，因此他對元山懷有深厚的故鄉之情。一九九六年至二〇〇一年，金正恩和同母妹妹金與正分別化名為「朴銀」、「鄭順」，一同假扮為北韓駐瑞士大使館職員子女，於瑞士伯恩的一間國際學校就讀，學習英語、德語及法語。他喜歡體育運動，特別欣賞美國籃球明星喬丹。

進入二十一世紀千禧年之後，北韓逐漸傳出第二代領導人金正日健康不佳的訊息。二〇〇九年三月，ＢＢＣ（英國廣播公司）報導指金正恩已經成為最高人民會議候選人，認為金正日對北韓政治權力移交作好準備，隨後他就任國防委員會一個中層職位。從該年五月起，平壤的幾所小學向學生教授讚美金正恩的歌曲，「等於是正式公布繼任者」。朝鮮放送網站於六月報導北韓全國各地的大型工廠紛紛召開隆重集會，並通報金正日的指示：將北韓國家領導人法定繼任權規定為第三子金正恩。

金正恩有一個異母長兄金正男、一個異母姊姊金雪松及一個同母兄長金正哲，另外還有一個同母妹妹金與正。金正日五名子女中為何是金正恩被選為金正日的繼承人?

金正男，一九七一年生於平壤，出生時，由於母親成蕙琳曾有另一段婚姻，並與父親金正日僅是同居關係，故不被祖父金日成認可。後來金正日將金正男帶到金日成官邸，金日成看到自己的孫子就接受了這個事實。金正男在七〇年代末於莫斯科和日內瓦留學。金正日對金正男寵愛有加，甚至曾將金正男視為繼承人，但是金正男長大成人後顯現出不喜歡政治的個性。二〇〇〇年金正男曾誇揚中國式改革開放，有人向金正日報告此事，金正男被指為「革命的叛徒」，同時受到繼母高英姬，也就是同父異母的弟弟金正恩的生母的排擠，遂離開北朝鮮。在二〇〇一年後他與母親的家人離開北韓，於歐洲某處祕密隱居。

二〇〇七年三十六歲的金正男於六月左右結束了在海外的生活，返回平壤，並在朝鮮勞動黨組織指導部工作。二〇〇九年一月，金正男說他「沒興趣」接管朝鮮的領導權，宣稱這是自己做的決定。外界普遍認為是金正日不同意讓金正男繼位，並非金正男自己放棄。二〇一〇年十月金正日在朝鮮勞動黨黨慶左右，開始安排一系列的行動讓幼子金正恩準備接位，與此同時在北京市的金正男接受日本媒體的採訪，他表示雖然願意在海外幫助其弟，但是也公開表示他對世襲的反感。亦有傳聞金正男與其弟金正恩不和。二〇〇九年四月，金正恩曾派人搜查金正男位於平壤的別墅「幽暗閣」，並且帶走別墅管理人員，可見二人關係緊張。另外在金正恩被內定為繼承人之後，傳聞其身邊親信密謀暗殺金正男，但被中國（可能是和金正男有貿易事業關係、過往甚密的太子黨）方面制止。金正男不得不移居澳門、上海、北京等地。二〇一七年二月十三日於馬來西亞機場遭到毒殺身亡。

金雪松，一九七四年生，是金正日與第三任妻子金英淑所生之次女，也是北韓現任領導人金正恩的異母姐姐。她在金正日與金英淑婚後翌年出生，她畢業於父親的母校金日成綜合大學經濟學系，和父親一樣主修政治經濟學科。而她本身的藝術及文學修養也很高，曾於二〇〇五年秋天以留學生身分逗留法國。自一九九〇年代末起，金雪松負責金正日的隨行保安及日程編排。她並身穿有中校肩章的軍服，陪同金正日外出視察軍隊、巡察地方工廠及企業、出席國務活動等。由於金雪松長年隨侍父親左右，頗受其父喜愛。金正日曾不止一次對他人表示女兒「有頭腦、有能力」，在很多地方像他自己。

在二〇一一年月金正日死後，曾有評論認為，由於繼承人金正恩的經驗尚淺，金雪松可能會和姑父張成則（朝鮮前國防委員會副委員長）、異母兄長金正男進行權力鬥爭。在二〇一三年亦有報導指出，異母妹金與正（金正恩同父母胞妹）漸受重用，直接負責所有金正恩參加的活動。隨著金正恩權力愈趨穩固，金雪松和丈夫申福男被改調至其他支援崗位。

金正哲，生於一九八一年，是金正恩的同母兄長，曾留學瑞士伯恩國際學校。由於兄長金正男在日本及中國等地引發問題，使他一度被視為金正日的接班人選，但最終被其弟金正恩所取代，據傳原因是他的個性懦弱以及患有內分泌疾病。目前他擔任烽火組首長。所謂的烽火組成立於二〇〇〇年，由北韓黨政軍高層人士的第二代子女組成，有「朝鮮太子黨」之稱。該組織頗為神祕，可能涉及將偽鈔或毒品流通至外國的犯罪行為，以「賺取外匯」提供資金予北韓政府鞏固權力。

金與正，一九八八年生，是金正恩同母妹妹。曾與金正恩一起留學瑞士。二〇〇九年起於朝鮮勞動黨工作。二〇一三年七月，她獲任組織指導部活動科科長，也於該年開始正式擔任金正恩的祕書。二〇一四年十一月，北韓官方次正式透露金與正的職銜為「朝鮮勞動黨中央委員會副部長」。二〇一七年十月，當選為朝鮮勞動黨中央政治局候補委員，是最年輕的政治局成員。近年來從種種跡象可以看出，金與正實際上已成為金正恩的左右手。

◆◆◆

自金正日去世的消息公開後，北韓官方媒體不斷進行一系列的形象塑造行動，也就是所謂「造神運動」，以豎立金正恩的權威和鞏固政權的地位。官方曾宣傳金正恩在三歲就會開槍，九歲就能射中移動的目標，甚至百發百中。此外，他三歲就懂駕駛汽車，不到八歲時就能駕駛大卡車。官方又稱金正恩沒有不會的運動，籃球勝過一般職業選手，六歲就能騎馬等等。同時他十六歲時，便寫了一篇關於韓戰的論文，顯示出他卓越的治軍能力。凡此種種誇大的敘述，就是要塑造金正恩在各方面能力過人的形象。

金正恩開始在北韓嶄露頭角後，二〇一〇年三月二十六日的南韓天安艦事件，以及同年十一月二十三日與南韓互相砲擊的延坪島事件，都是由金正恩主導（見本書第二十六章）。二〇一二年二月十六日，北韓官方媒體證實延坪島砲擊事件是由金正恩指揮。金正恩的學歷當中有金日成綜合大學砲兵學學位，真可以說是「學以致用」了。至於天安艦爆炸沉沒事件，雖然南韓本身及聯合國的調查結果都指向北韓應該負責，但是卻缺乏明確證據，北韓也堅決否認與其有關，所以就這樣不了了之。但是南韓及相關各國均認為就是金正恩製造了天安艦事件。由於金正恩未曾真正參軍，這兩事件算是他「初試啼聲」的「軍功」，也為他領導北韓人民軍奠定了一些基礎與威信。

二〇一一年十二月十七日金正日去世，享壽七十歲。朝鮮中央電視臺報導，金正恩將擔任北韓最高領導人。朝鮮勞動黨中央委員會、朝鮮勞動黨中央軍事委員會、朝鮮國防委員會、最高人民會議常任委員會、內閣共同發表《告全體黨員、人民軍官兵和人民書》，要求全體黨員、人民軍官兵和人民「忠於尊敬的偉大金正恩同志的領導」，黨和人民軍以及人民保持團結。北韓媒體隨即將金正恩稱為「偉大的領導者」和「偉大的繼承者」。其後，北韓當局稱呼金正恩為「武裝革命力量的最高領導者」、「我們的最高司令官」等，並稱「以敬愛的金正恩同志為首的黨中央委員會」，顯示其已經在行使朝鮮勞動黨總書記和朝鮮人民軍最高司令官的權力。

朝鮮勞動黨中央政治局會議二〇一一年十二月三十日在平壤舉行，會議宣布，根據已故最高領導人金正日二〇一一年十月八日的遺囑，推舉金正恩為朝鮮人民軍最高司令官。二〇一二年七月十八日，金正恩被授予「共和國元帥」軍銜。在二〇一二年四月十一日舉行的朝鮮勞動黨第四次代表會議上，會議「遵照金正日的遺訓」，推舉金正恩為朝鮮勞動黨第一書記，同時將金正日

「永遠擁戴為朝鮮勞動黨總書記」。

二〇一二年七月十七日，朝鮮勞動黨又授予金正恩「朝鮮民主主義人民共和國元帥」軍銜。在二〇一六年五月九日朝鮮勞動黨第七次代表大會決議朝鮮勞動黨委員長為黨的最高領袖，隨後推舉金正恩為朝鮮勞動黨委員長。在二〇二一年一月十日的朝鮮勞動黨第八次代表大會上，金正恩被推舉為朝鮮勞動黨總書記。至此，年僅三十七歲的金正恩就牢牢掌握北韓的黨、政、軍大權，而且他實施「恐怖統治」，無人敢挑戰其權威。

◆ ◆ ◆

金正恩剛開始出現在南韓及外國媒體時，媒體還為他的漢字名爭論不休，同時也積極探索他與家庭成員的關係及求學經過等等。也有媒體因為他曾經留學瑞士及喜愛體育、崇拜美國籃球明星等，認為他可能會與祖父金日成、父親金正日的領導方式及對外政策有所不同。由於金正恩於早年曾在歐洲留學，較長一段時間生活在西方文化中，故上臺之後不斷引入他國文化，如漢堡和鐵板燒等飲食，甚至安排美國華特·迪士尼的卡通人物出現在國內歌舞劇，使外界認為他想逐步改革開放國家。他曾表示不再讓北韓人民餓肚子，讓他們享有好的生活是朝鮮勞動黨的宗旨之一。西方媒體因此對金正恩的統治開始有一些幻想。後來證明，這個受過西方教育的「金小胖」

比起他的父、祖，其凶狠的程度可說是有過之而無不及。

金正恩上臺以後，對他不尊敬或疑似不忠、不服從的幹部採取毫不留情的整肅，由朝鮮人民軍總政治局第一副局長金正閣、護衛司令部司令員趙京哲及國家安全保衛部第一副部長禹東測等人所主導。有四名經金正日精心挑選輔佐金正恩的顧命大臣，一個個或遭貶職，或被失蹤。父親留下的痕跡逐一掃除，把高官都換成只忠於自己的人。金正日喪禮弔唁期間結束後，從這天起北韓一度出現幾乎每天都有「將星隕落」的現象。甚至公開地用迫擊砲處死武裝副部長金哲。

二〇一三年十二月八日，一度被視為北韓實際上的「二號人物」、時任國防委員會副委員長的張成澤（金日成長女金敬姬的丈夫；金正恩的姑父），在朝鮮勞動黨的代表大會上被當眾逮捕。隔幾天，張成澤因反革命罪遭到處決。經媒體大肆報導，世界各國均驚訝不已。金正恩此舉，顯然是有意殺雞儆猴。這是北韓近十幾年來首次處決政治局委員級的高官，備受外界矚目。

二〇一五年四月中，玄永哲（北韓人民軍二號人物，有次帥軍銜）不僅在軍方活動上打盹，還和金正恩頂嘴，被指「不忠」，於四月三十日在平壤北部的姜健軍官學校以叛國罪遭到高射機槍公開處決，有上百名高級軍官觀看他的處決。該消息後來經北韓外交官員予以證實。

二〇一六年南韓國家官方研究所發布的報告稱，自金正恩二〇一一年上臺實施「恐怖統治」以來，他已下令處決了三百四十人。不僅是黨政軍高官受到整肅處決，北韓一般人民也是生活在恐懼中，言行稍有不慎即動輒得咎。二〇一〇年因為反政權罪而受到公開處決的北韓居民，是二〇〇九年的八倍以上。北韓政府還下令「當場擊斃脫北者」。因此，在跨越鴨綠江、圖們江的過程中，因受槍擊喪命的居民數量也大幅增加，甚至有北韓公民已經偷渡至中國境內仍被對岸的北韓人民軍士兵開槍打死的事例。

聯合國調查委員會原本擬將北韓當局的罪行提交到國際刑事法庭受審，但受到中國及俄羅斯在安理會上否決。該委員會指出，金正恩所犯錯誤是反人類罪，是衝擊人類良知的錯誤，聯合國未來或可成立一個類似審理前南斯拉夫總統斯洛波丹・米洛塞維奇（Slobodan Milošević）的特別法庭，以處理北韓違反人權的罪行。

第二十八章

虎乎？兔乎？朝鮮半島

朝鮮半島到底像什麼？老虎還是兔子？北韓和南韓都認為像老虎。這倒是朝鮮半島南北分治七十幾年以來，少數雙方意見一致的事物。

南北韓所在的朝鮮半島（조선반도；Korea Peninsula），南韓稱韓半島，三面環海，有東亞橋梁之稱。朝鮮半島西北部以鴨綠江、圖們江（南北韓稱「豆滿江」）與中國為界，東北與俄羅斯相連，東南隔朝鮮海峽與日本相望。西、南、東分別為黃海（南北韓稱稱「西海」）、朝鮮海峽或大韓海峽（日本稱「對馬海峽」）、日本海（南北韓稱「東海」）環繞。這塊連接亞洲大陸的半島有「東亞橋梁」之稱，那它的地形像什麼呢？

朝鮮在十六世紀末（一五九二～一五九八年）曾遭日本豐臣秀吉以「假道入唐」為由兩度發兵侵略，在釜山登陸，然後擴及朝鮮南部，朝鮮稱壬辰倭亂及丁酉再亂，幸明朝出兵相救，朝鮮國祚得以延續。十九世紀下半葉日本明治維新之後國力漸強，染指朝鮮之意圖更加明顯，就指朝鮮半島像一隻兔子，半島東北角就像兔子長長的耳朵，一把抓住，兔子就乖乖就範。

一九〇八年，曾經留學日本且年僅十八歲的朝鮮文學家崔南善發表了《槿域江山猛虎氣象圖》。木槿花又稱無窮花，是朝鮮國花，槿域就是指朝鮮。崔南善把朝鮮半島描繪成一隻威武的老虎，右前爪抓著俄國，左前爪抓著中國，中間的白頭山（長白山）就好像血盆大口，大有氣吞山河之勢，以激勵朝鮮人民保衛國家反抗侵略者。朝鮮半島多山且與中國東北長白山脈連結，朝鮮虎與東北虎同源。韓國自古以來就尊崇虎，把虎視為韓國的精神象徵，流傳著許多與虎有關的神話與故事。極具創意的崔南善把朝鮮半島一夜之間由柔弱的兔子改為凶猛的老虎，受到韓國人的認同，國族精神為之大振。

但是兩年之後，一九一〇年《日韓合併條約》簽訂，日本吞併朝鮮，更加宣傳灌輸朝鮮半島像兔子的說法。日本也同時在朝鮮半島大肆獵殺朝鮮虎，至二次大戰時朝鮮虎已所剩無幾。接著又爆發韓戰，經過幾年的激烈戰鬥，朝鮮虎在朝鮮半島上可能已經絕跡。而韓戰於一九五三年休戰後，南北雙方沿著實際占領線各後退兩公里，建立一條寬四公里、長二四八公里的非軍事區。在經過數十年後，這條非軍事區已經成為動植物的絕佳保護區，裡面生意盎然，是否存在著朝鮮虎令人深感興趣。朝鮮虎原被認為已絕跡，一九九八年起卻不斷發現腳印，一名駐韓美軍表示曾目擊過兩隻。二〇〇四年，南韓根據國防部的照片，斷定至少有四隻東北虎存在非軍事區內。

南北韓分治後，南韓另一個創意天才修改崔南善的《槿域江山猛虎氣象圖》，把圖中的虎尾往慶尚北道浦項市一彎，一個突出東海岸的岬角就稱之為虎尾串（호미곶，Homigot）。虎尾串就在韓國最大的煉鋼廠浦項煉鋼廠（POSCO）往前數公里，三面環海，風景優美，適合觀賞日出，每年元旦總是有數十萬人潮前去迎接當年的第一道陽光。當地的布置配合地名，大部分與老虎有關，十分有趣。

一九八六年韓國在首都漢城（現稱首爾）主辦第十屆亞洲運動會，一九八八年韓國又接續主辦第二十四屆夏季奧林匹克運動會，兩場盛會的吉祥物都是一隻小虎（Hodori），可見虎在韓國人心中的地位。

寧越郡位於江原道南邊大白山區，面積一一二七平方公里，人口僅四萬多人，是個經濟以農業為主的偏遠地方。寧越的韓語發音為 Yeong-Wol，但是該郡把英文名稱改為 Young-World，也相當有創意。漢江上游的南漢江有許多支流流經寧越郡，在崇山峻嶺間形成許多美麗的溪谷，適合泛舟等水上活動。寧越郡西面甕亭里的仙巖村被西江三面環繞，地形與朝鮮半島極為相似，從對面的山腰向下眺望，可以看到整個韓半島地形全景。韓半島地形近年來聲名大噪，吸引了各地遊客前往觀賞這個奇景，甚至村名都要改成「韓半島地形村」。

二〇一〇年我前往慶尚北道尚州，在一間鄉下食堂午餐時赫然發現牆壁上有一幅「兔子戲虎圖」，兩隻兔子用細長的竹子戲弄一旁的老虎，真可說是膽大包天不知死活。但是後來經查詢請教，才知這幅朝鮮民俗畫叫《二卯奉寅圖》。韓國也信天干地支十二生肖，「子丑寅卯……」相對應「鼠牛虎兔……」，虎年之後就輪到兔子當家。所以《二卯奉寅圖》，就是二兔奉虎圖；圖中那根細長的竹子其實是朝鮮時期的菸斗。老虎值班一年完畢，兩隻兔子請老虎抽菸以慰問牠的辛勞。恰好二〇二二年是虎年，二〇二三年則是兔年。

二〇一七年北韓發行一張以崔南善《槿域江山猛虎氣象圖》為題的北韓幣三十圓郵票。其實華人世界每逢虎年也都會發行虎郵票，但二〇一七年是丁酉年，生肖屬雞，何以金正恩統治下的北韓突然發行虎郵票？原因可能是北韓在該年進行第六次也是規模最大的核子試爆，並在當年七月四日美國國慶日發射洲際彈道飛彈成功，顯示北韓有如老虎一般的凶猛與不可侵犯。可以說朝鮮半島的地形被北韓的大外宣做到極致。二〇二二年是壬寅虎年，南韓循例也發行了虎年郵票，一套兩張面值各四三〇圓。

所以，朝鮮半島到底像什麼？老虎還是兔子？北韓跟南韓都認為像老虎。這倒是朝鮮半島南北分治七十幾年以來，少數雙方意見一致的事物。但是所謂一山難容二虎，在朝鮮半島這說大不大的地方，南北各有一隻張牙舞爪的老虎，實在很難相信他們會和平相處。

1988 年漢城奧運吉祥物「Hodori」。

江原道寧越郡韓半島地形。（作者攝）

《二卯奉寅圖》。作者在慶尚北道尚州鄉下發現的一幅幽默作品。（作者攝）

南韓 2022 年虎年郵票。（Korea Post）

2017 年北韓發行《槿域江山猛虎氣象圖》郵票。（DPRK Post）

第二十九章

南北韓軍力競賽

韓戰於一九五三年停戰迄今已近七十年，南北韓雙方在經濟及軍事實力方面都有相當大的變化。

日本統治朝鮮半島期間，經濟設計是南方發展農業，北方發展工業，所以北方原本比南方富裕。二次大戰結束，南北韓以三十八度線為界分治，雙方的領土面積及人口大致相埒。韓戰在一九五三年停戰之後，北韓仍然繼續以武力統一朝鮮半島為目標，故一直維持將近一百餘萬名的龐大兵力，這可說是拖垮北韓經濟的主要原因之一。一九六八年北韓的國民生產毛額被南韓超越，從此瞠乎其後。南韓二〇二一年人均國內生產總值（GDP）達到三萬五千美元，而北韓僅有二千美元，真可以說是天壤之別。

◆ ◆ ◆

南韓軍隊在韓戰期間的表現可說是乏善可陳，一九五三年停戰後在美國的援助及訓練之下戰力逐漸提高。一九六〇年代南韓陸軍及陸戰隊分批派赴越南參戰達三十二萬人次，獲得了豐富的實戰經驗。經過了數十年的成長，目前南韓總兵力約五十五萬人。陸軍武器以自行生產之K-2主力戰車（配備德國引擎）及K-9雷霆（Thunder）自走砲為主。海軍有十二艘驅逐艦、十二艘潛艦、三十二艘巡防艦、七十五艘巡邏艇，以及兩艘大型兩棲作戰艦。南韓空軍方面主要是使用美製的F-15、F-16及最先進的F-35戰機。按照「世界火力」（Global Fire Power）二〇二二年軍事力量綜合排名（2022 Military Strength Ranking），南韓高居世界第六。

一九八〇年代起南韓經濟起飛變得富裕之後，開始自行研發製造各種武器裝備，至近年來已可明顯看出其豐碩成果。南韓在陸海空武器等方面的研發與製造都有長足進步，除了自用提高國防實力，還可外銷賺取巨額外匯。二〇二一年南韓的武器輸出排名世界第九，隔年二〇二二年即竄升至世界第四名，令人刮目相看。其主要輸出軍品為K-9自走砲、T-50／FA-50戰鷹（Fighting Eagle）教練／戰鬥／攻擊機。南韓早已是造船大國，其所製造的兩千噸級巡防艦也是外銷「熱門商品」。此外，南韓空軍在二〇二一年公布自製四．五代戰機KF-21獵鷹戰機，預計二〇二八年完成部署。可以預期的是，以南韓的工業能力及推銷手法，其武器外銷將繼續快速成長。

北韓經濟實力有限，迄今的軍力特色仍然是配備輕型武器的龐大地面兵力，以及以蘇聯T-72戰車改良的五千餘輛舊型戰車。空軍方面則仍以米格十七、十九、二十一，加上三十幾架較為先進的米格二十九等型戰鬥機為主。北韓舊型的米格機隊應該難以與南韓空軍匹敵。海軍方面則主要受北韓地形分東海及西海而且無法互相支援的限制，所以以巡邏艇及小型潛水艇為主，再加上只能說是聊備一格的數艘護衛艦。北韓海軍面對南韓龐大且先進的海軍，除了以擊沉天安艦的偷襲方式外，應該已經無力再與南韓海軍較量。「世界火力」二〇二二年軍事力量排名，在一百四十國當中，北韓排名第三十。

◆ ◆ ◆

光是陸海空傳統武器，北韓就難以與南韓相比，更何況朝鮮半島上還有一支以聯合國名義，自韓戰爆發就駐紮在朝鮮半島已逾七十年的美軍。韓戰於一九五三年七月停戰後，當年十月美國與南韓就締結《美韓共同防禦條約》。根據此條約，美國與南韓任何一方在亞太地區受到攻擊，另一方都將給予軍事援助。目前駐韓美軍（United States Forces Korea; USFK）總兵力約二萬六千人，包括駐朝鮮半島已七十餘年的美國陸軍第八軍團一萬七千人，以烏山及群山為基地的美國空軍第七航空隊近八千人，及經常在朝鮮半島周邊巡弋的美國海軍第七艦隊。所以，非軍事區以北的北韓軍力對南邊的美韓聯軍而言應該是不足為懼的。那麼何以長久以來，朝鮮半島情勢持續不安定，一直都是世界矚目的焦點？

朝鮮半島情勢的任何風吹草動都可能影響南韓已高度發展的經濟。南韓首都首爾地區距離非軍事區距離僅四十公里，現在的北韓軍隊無需如一九五〇年一樣揮兵南下，只要用長程火砲或火箭就可攻擊摧毀這個人口高達二千餘萬的繁榮大都會區。兩韓關係時好時壞，關係差時金正恩經常威脅要把首爾變成「一片火海」。實際上北韓是可以做到的，但是一旦他們開砲，很可能就是金氏政權自取滅亡的開始。

影響朝鮮半島情勢最重要的因素是北韓發展且擁有核子武器及各型飛彈。北韓自產鈾礦，使其先天有發展核武的最大優勢。北韓一九五六年與蘇聯締結「核能研究合作計畫」，並每年派遣數十名科學家到莫斯科學習，更與東歐各國進行技術交流。一九六二年在寧邊地區設立核能研究所，興建反應爐。北韓於一九七四年加入國際原子能機構（ＩＡＥＡ），隨後於一九八五年加入《核武禁止擴散條約》（Treaty on the Non-Proliferation of Nuclear Weapons; NPT）。北韓約在一九八〇年代初開始在寧邊建造第二座反應爐，一九八七年開始運轉，每年可生產約七百公斤的鈽，足以每年製造一到兩枚核武器。

北韓認為發展核武可鎮住南韓，在對朝鮮半島進行統一時可阻止美國干預。美國從一九七〇年代起就關注北韓的核項目，一九八八年美國對國際宣稱北韓有可能正在開發核武器項目的訊息，引起國際社會的廣泛關注。

一九九一年北韓主動提出朝鮮半島無核化，因為當時南韓也準備發展核武器，而且美國在南韓部署了戰術核武器。當年十二月，南北韓簽定《關於半島無核化協議》。一九九二年一月，又簽訂《保障監督協定》，北韓接受國際原子能機構的監督並多次接受其查核。北韓因此阻止了南韓開發核武器的計畫；美軍也撤出了部署在南韓的戰術核武器。一九九四年五月，聯合國安理會提出對北韓進行核項目調查並進行制裁。

二〇〇二年十二月，北韓重新啟動在寧邊的核反應堆，並且強迫兩名聯合國核監察員離開該國，並於二〇〇三年退出《核武禁止擴散條約》。二〇〇三年起，美國因需專注處理伊拉克戰爭，於是美方委請中方同意斡旋主導由北韓、中國、美國先進行三方會談，再由北韓、中國、俄羅斯、南韓、美國、日本等六國共同參與的一系列談判，稱為「六方會談」，旨在解決北韓核問題。惟二〇〇九年北韓退出會談，金正恩於二〇一一年底接掌政權後迄今，北韓沒有表現要放棄核武的跡象。

◆ ◆ ◆

北韓於一九七〇年代起積極研發飛彈技術。北韓的彈道飛彈最初源自於前蘇聯「飛毛腿」（Scud）戰術導彈，這是一種在全世界擴散最廣泛的導彈。一九七九年，當時的埃及總統沙達特（Anwar Sadat）將少量蘇聯製導彈送到北韓，這是兩國導彈技術合作協議的一部分。北韓再對導彈性能進行研發改進。北韓在飛毛腿基礎上開發的「蘆洞」導彈，具備了運載核彈頭的能力，這種導彈甚至被出口至巴基斯坦和伊朗。

北韓同時發展核子武器與飛彈。二〇〇六年七月，北韓試射大浦洞二號、蘆洞及飛毛腿等型彈道飛彈，全部落入日本海，令日本緊張不已。十月九日北韓在咸鏡北道進行了第一次地下核爆，使這個經濟落後且人民經常處於饑饉的國家成為「核子俱樂部」的第八個成員。至二〇一七年九月北韓已進行六次核試，威力一次比一次大，南韓軍方稱北韓第六次核試驗的當量為十萬噸黃色炸藥，相當於二戰長崎核爆的五倍。二〇二一年九月北韓試射巡弋飛彈及鐵路機動載具發射飛彈。南韓不甘示弱也試射潛射彈道飛彈。

進入二〇二二年，尤其是在五月尹錫悅就任總統之後，北韓連續密集試射長程、中程、短程等不同形式的導彈及巡弋飛彈，還包括極音速飛彈在內，甚至有一日狂射二十餘枚飛彈的紀錄，好像節慶放煙火一般，令人眼花撩亂。北韓在二〇二二年整年間共發射九十二枚各式飛彈，大有「老虎不發威，把我當病貓」之意，令南韓及美、日等國頭痛不已。

北韓在發展遠程飛彈的技術方面應該是受到俄羅斯的協助。讓美國最關心的事情當然是北韓的長程飛彈能否攻擊美國本土。發展長程彈道飛彈的目的毫無疑問是實施核打擊，一般相信北韓的長程飛彈射程，目前已經可以到達阿拉斯加與關島，但也有人認為，美國華府及全境現在均在北韓遠程飛彈的射程範圍之內。金正恩上臺後，歷次閱兵均刻意展示巨型的長程飛彈，而且看來一年比一年大。

南韓為了防禦北韓五花八門的各型飛彈，因此於二〇一七年起便部署美製高空層飛彈防禦的「薩德」系統（Terminal High Altitude Area Defense; THAAD）。沒想到該事件引起中國的不滿，認為南韓部署薩德系統，其雷達監視範圍半徑達二千公里，會對中國國土安全造成影響，因此對南韓採取多項反制措施。俄羅斯亦對此表態不悅。二〇一七年十一月，新上任不久且態度親共的南韓新總統文在寅態度急轉彎，停止薩德系統部署。不久南韓與中國達成共識，即「三不一限」承諾：不考慮追加薩德系統、不加入美國反導彈體系、不發展韓美日三方軍事同盟、為了不損害中國戰略安全利益而限制使用「薩德」。此後南韓與中國關係逐漸回暖，薩德事件也以「部分部署，不追加」為結果，告一段落。

實際上薩德系統對於短程飛彈可能有效，二〇二二年一月，阿拉伯聯合大公國軍隊已成功利用薩德系統攔截葉門什葉派叛軍「青年運動」發射用於攻擊阿聯石油設施的中程彈道飛彈。這是該系統首次用於實戰，並成功完成攔截任務。但是北韓的飛彈種類繁多，南韓薩德防禦系統是否可應付極音速飛彈或是巡弋飛彈，還有待觀察。

◆ ◆ ◆

北韓積極發展火箭技術，南韓也擁有自己的火箭及太空科技。有趣的是南韓也選擇與俄羅斯合作，所以南北韓的火箭技術某種程度上可以說是師出同門，頗令人玩味。南韓的羅老太空中心（Naro Space Center）位於朝鮮半島南端的外羅老島，隸屬於全羅南道高興郡。該中心興建在五〇〇萬平方公尺的填海地，是由「南韓航太研究中心」（Korea Aerospace Research Institute）負責。

南韓先於二〇〇七年送兩名太空人前往俄國受訓。但是二〇〇八年三月，原本可能成為韓國首位太空人的高山，因為多次違反俄羅斯相關規定（竊取俄羅斯文件）而被撤換，由備胎李素妍（女）取代。李素妍於二〇〇八年四月搭乘俄羅斯聯盟號太空船進入太空，完成任務後返回地球。

南韓與俄羅斯合作的羅老號 KSLV 火箭於二〇〇九年八月及二〇一〇年六月兩度發射，均不幸失敗，韓俄雙方互相指責推諉。羅老號第三次發射於二〇一二年十月及十一月，兩度因異常而被迫取消。二〇一三年一月三十日，羅老號進行第三次而且是最後一次的發射，終於成功並將衛星推進至預定的軌道，使南韓躋身太空俱樂部的第十一名會員國。但是南韓當時尚未能掌握一級火箭的關鍵技術，而持續耗費鉅資自主研發該項技術。

南韓於二〇二一年十月二十一日發射首枚完全自主研發的運載火箭「世界號」（KSLV-II），令南韓躋身全球第七個成功發射中大型運載火箭的國家。然而這項發射任務雖然成功將衛星送上太空，但最後卻未能將衛星送入預設的運行軌道。在羅老太空中心觀看發射的南韓總統文在寅強調，將衛星送入軌道仍是南韓未完成的課題。若能加以檢討改進，將繼續朝著航太強國的夢想邁進。

太空發展計畫在朝鮮半島向來是敏感議題，北韓因研發可攜帶核彈頭的彈道飛彈而遭國際制裁。南韓未來將陸續發射偵察、導航、通訊衛星，甚至將研發月球探測器，若干衛星也可能將作為軍事用途，但南韓政府否認世界號火箭會運用於軍事目的。

南韓海軍最大型軍艦18,000噸，可起降直升機的兩棲攻擊艦獨島號。（作者攝）

南韓自行建造李舜臣級驅逐艦姜邯贊（高麗時期將領）號。（作者攝）

一艘南韓海軍潛艦正從外海返回鎮海港基地。（作者攝）

一隊 T-50 教練機在釜山海雲臺空域進行表演，左下角圓形建築物 Nurimaru（宇宙之殿）是 2005 年 APEC 高峰會議所在。（作者攝）

南韓自行研發的 K-9 自走砲。（南韓國防部）

北韓舉行盛大閱兵式，展示巨型的長程飛彈。（法新社）

2022 年 3 月 24 日，北韓最高領導人金正恩現場親自指導下，成功試射新型洲際彈道飛彈（ICBM）「火星 -17」（Hwasong-17）。（路透社、朝中社提供）

南韓羅老太空中心的戶外展示區。中為 KSLV 第一代火箭模型。（作者攝）

第三十章

北韓與南韓的外交折衝

北韓突炸毀剛完工不久的南北共同聯絡事務所建築，造成兩韓關係急遽惡化，朝鮮半島局勢一夕驟變。這對南韓政府而言無異是被北韓打了一記響亮的耳光，對世界其他各國也是有如從和平的幻覺中驚醒。

金正恩於二〇一一年底上臺後，經過數年的整肅與清洗，政權已牢牢掌握。北韓於二〇一七年進行第六次核子試爆，二〇一八年起金正恩開始擺出願意對話的姿態。而文在寅於二〇一七年五月出任南韓總統後，其政治立場是明顯地親中及願意與北韓和解。於是立場逐漸接近的南韓與北韓開始合作演出一系列令世人眼花撩亂的大戲。

二〇一八年二月南韓主辦平昌冬季奧運會，金正恩巧妙利用機會展開微笑外交策略。北韓大舉派出運動員及啦啦隊代表團前往南韓，引起南韓民間轟動，出場時兩韓合舉統一旗並在部分比賽合組代表團，金正恩並手書親筆邀請函由其妹金與正交予文在寅，也是韓戰後首次有金家成員踏足南韓，不少外國媒體認為北韓成功成為冬奧會的最大亮點，甚至沒什麼人關注運動賽事。

平昌冬季奧運隔一個月，三月二十六日，金正恩乘坐火車，經丹東抵達北京，非正式訪問中國，並與中共中央總書記習近平會談，又與國務院總理李克強等中國高層會面，這是金正恩擔任北韓最高領導人以來首次出國訪問。之後，金正恩在二〇一八年之內又兩度與中國領導人會晤。

二〇一八年四月二十七日金正恩在板門店跨越北緯三十八度線與文在寅會晤，成為南北韓停戰六十五年後首位踏入南韓領土的北韓領導人，成為世界各國注目的焦點。雙方發表了《板門店宣言》，主要內容為：

1.南北韓將盡快促成高層會談等各領域的對話和談判，雙方設法落實領導人會談達成的共識；

2. 南北韓將在開城地區設立雙方官員常駐的南北共同聯絡事務所，以期加緊官方協商並確保民間交流合作順利進行；

3. 舉行南北韓紅十字會會談協商離散親人團聚等問題，安排離散親人團聚活動；

4. 停止一切相互敵對的行為，保證互不侵犯；自二〇一八年五月一日起，停止軍事分界線一帶一切敵對行為，將南北韓非軍事區化為和平地帶。

5. 在二〇一八年內宣布結束戰爭狀態，推進停和機制轉換，為建立牢固的永久性和平機制，努力促成南韓、北韓、美國三方會談或南韓、北韓、美國、中國四方會談；

6. 南韓總統文在寅於二〇一八年秋天訪問平壤。

之後兩韓果然在開城開始興建「南北共同聯絡事務所」。文在寅也依約於二〇一八年九月中訪問平壤，這是南韓領導人時隔十一年後再次造訪平壤，文在寅也成為繼金大中與盧武鉉之後另一位造訪北韓的南韓總統。雙方於九月十九日簽署《平壤共同宣言》和《旨在履行歷史性的板門店宣言的軍事領域協議書》，同意結束軍事敵對關係、擴大經濟和文化合作、實現朝鮮半島無核化以及禁止於國界一帶進行軍事訓練。這一連串的發展頗令世人鼓舞，朝鮮半島一時瀰漫著和平氣氛。

◆ ◆ ◆

美國總統唐納・川普（Donald Trump）於二〇一七年上臺後稱金正恩為「火箭人」（rocket man），北韓則反譏川普為「老番癲」，雙方唇槍舌劍口沫橫飛。隨著兩韓關係的正面發展，二〇一八年六月十二日「火箭人」與「老番癲」在新加坡舉行歷史性的美國與北韓高峰會議，吸引了世界各國的注意。

在越南越共中央總書記阮富仲的邀請下，川普及金正恩於二〇一九年二月二十七日至二十八日分別前往越南訪問，並在越南河內舉行兩人間的第二次會談，以探討朝鮮半島非核化的實行方式。儘管這次的會談在友好的氣氛下舉行，然而兩國未能就解除制裁達成共識，最終談判破局。

二〇一九年四月二十五日，金正恩與俄羅斯總統普丁（Vladimir Putin）於海參崴舉行會談，這是金正恩自上臺以來首次造訪俄羅斯。

二〇一九年六月三十日，已經互稱「好朋友」的金正恩與川普在南北韓非軍事區的板門店會晤，金正恩更是邀請川普跨過三八線，進入北韓境內，川普也因此成為了歷史上首位任內踏足北韓領土的美國總統。雙方繼續討論了關於朝鮮半島非核化的問題。

這一連串戲劇性的發展令世人看得目不暇給，以為金氏王朝到了第三代終於要擁抱世界，朝鮮半島和平在望。

二〇二〇年六月四日，金正恩之妹，朝鮮勞動黨中央政治局候補委員、中央組織指導部第一副部長金與正發表談話指出，北韓方面不滿脫北者團體於五月三十一日沿著非軍事區以大型氣球朝北韓發送五十萬份傳單、手冊、二千張一美元鈔票以及一千支記憶卡，要求南韓方面立即改善。隨後，北韓於翌日單方面宣布關閉位於開城的南北共同聯絡事務所，並指出散播傳單是違反南北韓間和平協定的敵對行為，因此在六月九日全面切斷與南韓當局所有通訊管道，之後數日連續指責南韓及美國對朝鮮半島和平的威脅。

六月十六日北韓以南韓違反《板門店宣言》為由，突炸毀剛完工不久的南北共同聯絡事務所建築，造成兩韓關係急遽惡化，朝鮮半島局勢一夕驟變。這對南韓文在寅政府而言無異是被北韓打了一記響亮的耳光，對世界其他各國也是有如從和平的幻覺中驚醒。

北韓政府在炸毀事務所大樓後，朝鮮勞動黨統一戰線部長金英哲發表談話，稱南北韓雙方在日後不會再有交流、合作甚至是交談，更指出「雙方之間有過的一切事務就當作是一場春夢」。南韓軍方發現北韓政府在非軍事區重新安裝用於「心戰喊話」的擴音器，顯示雙方先前改善關係的努力有如被炸毀的共同聯絡辦事處一般灰飛煙滅，一切都已回到原點。

一九六〇、七〇年代，歐洲列強的殖民地紛紛獨立，兩韓的戰場從朝鮮半島擴大到非洲、亞洲及拉丁美洲等所謂「第三世界」。當時正值冷戰高峰，西方集團及蘇聯集團涇渭分明，新興獨立的國家通常面臨兩邊的拉攏只能擇其一交往，南韓及北韓都各自要付出相當的代價。當然也有一些國家看出兩韓之間的矛盾而兩面獲利或提高友誼的代價。到了一九八〇年代大韓民國和朝鮮民主主義人民共和國都要爭取加入聯合國，這種外交競爭更加激烈。一九九一年八月八日，聯合國安理會通過第七〇二號決議（該決議建議這兩個國家加入聯合國大會）。九月十七日，聯合國大會依據第 46/1 號決議將兩國加入聯合國。

南韓挾其強大經濟實力，在國際上相當活躍，目前與世界上一百九十國建立有外交關係，是聯合國（UN）、世貿組織（WTO）、經合組織（OECD）、亞太經合組織（APEC）、G20等重要組織的成員國。

冷戰時期，南韓外交主要是以韓美關係為核心，與西方資本主義國家發展關係。七〇年代初，南韓開始與社會主義國家陣營接觸。一九八八年，盧泰愚當選南韓總統後，開始推行「北方政策」，積極與社會主義國家發展外交關係。一九九二年南韓與長期盟友中華民國斷交，而與當年派大軍進入朝鮮半島「抗美援朝」的中國建立外交關係。一九九三年，金泳三文人政府開始提出「世界化、民間化、多邊化、多元化、區域合作和面向未來」的外交政策。在金泳三之後的南韓各屆政府也都積極推行了多邊的外交政策。

文在寅任內，南韓外交基本形成了以韓美同盟為基軸，中美日俄四國為主線，積極參與地區和國際事務的多層次及靈活運用的外交格局。

北韓方面，先後與一六七國建交（除古巴、敘利亞和巴勒斯坦外，其餘一六四國同時與南韓建交）；在未與北韓建交的國家中，南韓、日本、美國、法國、波札那、愛沙尼亞、梵蒂岡和以色列未承認朝鮮的主權國家地位。北韓自冷戰結束後，一直被認為是外交上最孤立的國家。目前北韓也是唯一從未與日本建交的聯合國成員國。

北韓政權長期以來就從事暗殺、綁架、印製及散布偽鈔、違反人權等，行為有如黑幫，早就為國際間所鄙視。一九八五年七月，美國總統雷根提到「我們不會容忍……來自流氓國家（outlaw states）的攻擊……」。之後柯林頓政府對「流氓國家」一詞進行了闡釋；理論上，如果一個國家尋求獲得大規模殺傷武器、支持恐怖主義、苛虐人民、嚴重違反人權等行為，就會被定義為「流氓國家」。一九九四年美國列出了五個「流氓國家」：北韓、古巴、伊朗、利比亞和伊拉克等。北韓也因為一九八三年仰光爆炸事件、一九八七年韓航八五八班機爆炸事件、二〇一〇年天安艦事件，以及二〇一七年金正男遇刺事件等，一些國家分別與北韓斷絕了外交關係。

所以相較之下，南韓在國際上廣結善緣，外交上顯然比北韓成功。金正恩接掌北韓政權之後，其外交手腕雖然還算高明，但他終究無法解決經濟制裁所造成的發展困境。從二〇一四年起，北韓的國際貿易額便不斷下降，二〇二〇年的新冠疫情、封鎖國境、洪災頻發等種種挑戰，更讓金正恩在二〇二一年一月朝鮮勞動黨大會承認「經濟發展五年戰略全面失敗」，甚至公開道歉。

北韓長期師法毛澤東「只要核子不要褲子」，搞得北韓人民極端窮困民不聊生，一九九四年至二〇〇〇年期間北韓發生嚴重饑荒，致使數十萬人餓死（也有數據指稱三百五十萬人）。連自己的人民都餵不飽，加上各種劣行惡跡，北韓於是又被列入「失敗國家」（failed state）的行列。北韓長期缺糧的狀態截至今日仍未緩解，二〇二一年金正恩要求人民「少吃一點」以度過這個難關。

金正恩執政十年之後依舊緊抓核武並密集發射飛彈，國際社會的經濟制裁更不可能解除，致使北韓經濟連起碼的自給自足都有困難。北韓在外交上愈孤立、經濟愈困難，很自然地就會更加倚賴中國；而美國與中國之間的諸多矛盾原本即已複雜難解，近來又因俄烏戰爭而愈趨嚴峻，使得朝鮮半島問題目前看來，真的很不容易在短期之內產生一個突破性的解決方案。

唐納・川普在美國總統任內與被他稱為「火箭人」的北韓領導人金正恩三度會面，但都無法就朝鮮半島非核化達成協議。（摘自 Wikipedia）

金正日（中）領導的北韓政權被西方視為流氓國家。圖為在柏林圍牆展示的流氓政權群像。（摘自 Wikipedia）

西非國家幾內亞比索與南北韓均有邦交，2000 年該國發行南韓總統金大中訪問平壤與金正日會面的紀念郵票。（Guinea-Bissau postage stamps）

兩韓聯合辦公室落成。（路透社）

北韓炸毀位在開城的兩韓聯合辦公室。（路透社）

結語

朝鮮半島繼續維持現狀，應該是最符合相關各國的利益及最有可能的情境。

俗諺「一山難容二虎」，朝鮮半島一千多年來一直是統一的狀態，二次大戰後首次分裂，一九五〇年更爆發長達三年的慘烈戰爭。一九五三年七月交戰各方雖然簽署停戰協議，但法理上戰爭尚未結束，南北韓雙方在半島上及國際場域的較勁與衝突從未停歇。除了非軍事區經常發生規模不一的衝突外，因為北韓政權主張以武力統一朝鮮半島，且其領導人捉摸不定、難以揣測的行事風格，以及北韓發展核武且經常試射飛彈，造成周邊各國的高度不安，朝鮮半島在過去數十年來都是經常處於瀕臨戰爭邊緣的狀態，以及世界各國矚目的焦點。近來還傳出俄羅斯與美國分別向北韓及南韓購買大量一五五釐米砲彈供俄軍及烏克蘭軍使用，使得兩韓的角力延伸到數千公里外的俄烏戰場上。

實際上朝鮮半島戰爭停戰七十年後，南北兩韓已經變成兩個截然不同的國家。南韓初期雖然政府貪汙腐敗，及其後箝制民主甚至屠殺人民的重大事件，但一九九〇年代以後實施民主化且經濟上延續一九六〇年代「漢江奇蹟」的快速發展，至今已成為一個經濟、軍事及文化等方面皆高度發展的富有且強盛的國家。而北韓在金氏王朝三代政權的專制統治之下，國家封閉、經濟衰敗、人民窮困，還經常鬧飢荒，與停戰前其實沒有太大的差別。

在國際上，南韓給予世人的感覺是科技發達、民主繁榮、富裕進步等正面形象，而北韓則是專制封閉、落後貧窮、好戰甚至恐怖主義等負面形象。以二〇二二年十一月間在東南亞連續舉行的東亞峰會（East Asia Summit）、二十國集團峰會（G20 Summit），以及亞太經濟合作組織峰會

（APEC Summit）為例，南韓總統尹錫悅皆堂而皇之出席這些舉世矚目的重大國際組織會議，甚至還在會中提醒世人北韓發展核武及試射飛彈的威脅。而北韓都不是這些組織的會員，也未獲邀而無法出席，只能頻密發射各型飛彈以提醒世人它的存在。相較之下，南北兩韓的國際地位高下立判。

世人頗為關切朝鮮半島的情勢發展，一九九〇年以來南韓頻頻向北方釋出善意，北韓金正日與金正恩兩代領導人也有比較沒那麼好戰的時候，但接著不久又翻臉進行核子試爆或飛彈試射，好像是和是戰全繫於北韓領導人的一念之間。

其實朝鮮半島情勢錯綜複雜，原本就是二次大戰之後美蘇兩大集團角力的爆發口，歷經三年的慘烈戰爭以及冷戰期間的尖銳對峙，到後來北韓擁有飛彈及核子能力，不可能因為北韓領導人心意的改變就可以輕易解決。

南韓與北韓都希望吸收或制伏對方而統一朝鮮半島，但是南韓背後的美國、日本以及北韓背後的中國、俄羅斯等國會希望朝鮮半島統一嗎？與朝鮮半島接壤的中國及俄羅斯絕對不希望朝鮮半島被南韓統一，他們寧可與美國勢力之間保有一個緩衝國。美國與日本當然也不希望見到朝鮮半島被窮兵黷武的北韓統一，意味著美國集團的退卻及日本將被迫直接與敵對勢力對峙，甚至是引爆第三次世界大戰。所以朝鮮半島繼續維持現狀，應該是最符合相關各國的利益以及最可能的情境。

南韓的繁榮富裕其實有其脆弱性，首都首爾及鄰近城市有近二千萬人口，而且南韓引以為傲的高科技產業也相當集中在首爾附近，首爾離非軍事區直線距離僅約四十公里，北韓的長程火砲可以直接將首爾變成「火海」。所以南韓絕對不可能主動挑釁去拔北韓的老虎鬚。而北韓也不可能輕易朝首爾開火，否則可能招來「殺身之禍」。

北韓在金正恩的領導下，三不五時進行飛彈試射甚或核子試爆，可以牽制美國的注意力及消耗其資源，正是中國與俄羅斯兩國所樂見。在相當大的範圍之內，中俄會繼續容忍金正恩政權的存在，以及發展核武和飛彈技術。為維護金氏王朝，金正恩當然也會賡續其祖與父的高壓統治路線，而不可能實施民主改革。

金正恩接掌大權已十年，其掌控北韓內部的能力與日俱增，從北韓內部不論是軍方、政府或民間發動政變或革命的機會不大。而且就算發生重大變革，中國及俄國也會加以干涉，不可能任由新政權向美國靠攏，或向南韓投降接受統一。

金正恩因為體重過胖成為外界注意的焦點，每次稍有微恙或幾天沒有露面，就引起各種揣測。但金正恩生於一九八四年，至二〇二三年一月才三十九歲，現在醫藥發達，如果金正恩沒有發生意外，就一般常識而言，他繼續掌權的期間應該還有數十年。外界已開始猜測金正恩未來的接班人，但是目前還看不出有明顯的人選。金正恩的子女尚年幼，二〇二二年十一月北韓試射飛彈期間，金正恩曾攜女兒金朱愛（約十歲）參觀，是其子女首度公開亮相。金正恩後來甚至安排金朱愛參加宴會時坐主位，以及幫她發行郵票，顯然有意提攜其女成為其繼承人。

金正恩的妹妹金與正小他四歲，現職朝鮮勞動黨中央委員、黨中央組織指導部第一副部長、朝鮮國務委員會委員，過去幾年曝光度頗高，儼然成為他的左右手之一。但是朝鮮文化向來男尊女卑，由金與正或金朱愛接掌政權的可能性實在不高。也正因金正恩目前沒有明顯的交班人，未來北韓金氏王朝內部發生像韓劇常見的宮廷內鬥的可能性相當高。

所以，已經分裂七十幾年的朝鮮半島未來會如何發展呢？應該就是大致維持現狀，二、三十年之內，兩隻老虎一南一北繼續隔著非軍事區相互瞪眼或叫囂的局面。此也意味著南、北兩韓可能將於二〇四八年各自慶祝獨立建國一百週年紀念，而若二〇五〇年韓戰還沒正式結束，也將成為另一場「百年戰爭」。

歷史與現場 338

朝鮮半島事件簿：南北韓政治、軍事、外交的前世今生

作者—羅添宏
圖片提供—羅添宏
地圖繪製—陳永忻
主編—謝翠鈺
責任編輯—廖宜家
企劃—陳玟利
美術編輯—張靜怡
封面設計—斐類設計工作室

董事長—趙政岷
出版者—時報文化出版企業股份有限公司
一〇八〇一九臺北市和平西路三段二四〇號七樓
發行專線—（〇二）二三〇六—六八四二
讀者服務專線—〇八〇〇—二三一—七〇五
（〇二）二三〇四—七一〇三
讀者服務傳真—（〇二）二三〇四—六八五八
郵撥—一九三四四七二四時報文化出版公司
信箱—一〇八九九臺北華江橋郵局第九九信箱

時報悅讀網—http://www.readingtimes.com.tw
法律顧問—理律法律事務所 陳長文律師、李念祖律師
印刷—勁達印刷有限公司
初版一刷—二〇二三年三月十七日
定價—新臺幣四八〇元
（缺頁或破損的書，請寄回更換）

時報文化出版公司成立於一九七五年，
一九九九年股票上櫃公開發行，二〇〇八年脫離中時集團非屬旺中，
以「尊重智慧與創意的文化事業」為信念。

朝鮮半島事件簿：南北韓政治、軍事、外交的前世今生／羅添宏著 . -- 初版 . -- 臺北市：時報文化出版企業股份有限公司, 2023.03
348 面；14.8×21 公分 . --（歷史與現場；338）
ISBN 978-626-353-495-7（平裝）

1. CST：韓國史

732.1 112000955

ISBN 978-626-353-495-7
Printed in Taiwan